親鸞の伝承と史実

関東に伝わる聖人像

今井雅晴

法藏館

はじめに

親鸞は鎌倉時代に生きた念仏僧です。浄土真宗の開祖としても知られています。親鸞は師匠であった法然の専修念仏説を理論的に深めました。その代表的著作が『教行信証（顕浄土真実教行証文類）』です。この書物を著わしたのは、五十二歳のとき、関東においてでした。

親鸞はもともと九歳のときから比叡山延暦寺で二十年間にもわたって修行したのですが、満足のいく成果をあげられず、山を下りて吉水草庵の法然の門に入って専修念仏を学びました。三十五歳のときには法然一派への弾圧によって越後国に流罪となりましたが、そこで師匠・先輩と離されての孤独の学びに堪え、自分の信仰の境地を深め、それを多くの人々に伝えようと決心して関東へ向かったのです。四十二歳のときでした。

関東には新興の幕府の都である鎌倉があり、新しい世界が展開していました。七年後には朝廷勢力と戦って、それを打ち破るほどでした（承久の乱）。親鸞はその新しい世界に新しい専修念仏を伝えてみたかったのでしょう。

親鸞が関東にいたのは六十歳のころまででした。その間、常陸国《ひたちのくに》を中心にして念仏布教に努めました。そこに住む人々には環境に対応したさまざまな信仰があったはずです。また、その背景となるさまざまな生活と歴史もあったはずです。関東は、かつて浄土真宗の歴史で説かれていたような荒野でもなければ、念仏も知らない無知な人々が住む所でもありませんでした。その中で、親鸞は多くの信頼できる門弟たちを得ることができ、やがて京都へ帰って九十年の一生をまっとうしたことはよく知られているとおりです。

その後七百数十年、関東では親鸞に関するさまざまな伝承が生まれました。正しい親鸞理解からは荒唐無稽としか思えないような内容もあります。しかしそれらの伝承は、関東に住む人々が親鸞に求めた日常生活面の救いであったり、願いであったりした内容なのです。あえていえば、人々にとって必要なのは、正しい親鸞理解だけではなくともかくも生活を助ける親鸞だったのです。いわゆる他力とは異なりますが、万能の救い主を期待していたということでしょう。理論ではなく、情緒に訴える親鸞像を求めたのです。人々の心を大切にする親鸞像です。

第二次大戦後、情緒に訴える親鸞像は否定されました。それは古い社会から脱却して新しい社会を作ろうという風潮と結びついていました。経済的発展がもっとも大切にされました。そしてそれは達成されましたけれども、心の貧しさが広く日本社会を覆うようになりました。現在、その解決のために社会全体としていろいろな工夫がなされています。浄土真宗の世界でも、情緒に訴える親鸞像を否定しすぎた、という反省が生まれつつあります。すなわち、親鸞に関する伝承をもう一度掘り起こし、そこに親鸞の教えを維持してきた人たちの心を再確認しようという動きです。それが今日の心の貧困を解決する方向に結びつくのではないか、ということです。

本書執筆の目的は、第一に、親鸞が多くの人々と積極的に交際したに違いない関東で、どのような伝承が生まれたのかを明らかにすることです。その伝承の特色も明らかにしたいと思います。

しかしながら、では関東とはどのような所だったのか。どのような歴史と環境があったのか。従来の浄土真宗史の研究では、それらは必ずしも明らかではありませんでした。というより、ほとんど無視されていたといってもよいでしょう。「荒野」「無知な人々」という先入観念で済ませていたからです。でも、そうではありません。私は今まで機会あるごとに関東の実態を説いてきました。加えて本書では古代からの関東の歴史と環境を明らかにしました。その中での親鸞伝承の発生と維持ということだからです。歴史と環境を無視しては伝承の意味は語れません。

むろん関東といっても広いので、本書では親鸞がもっとも長い間住んだと推定される常陸国を中心に検討します。まず常陸国の全体を検討し、次にその常陸国の中でも、親鸞の手紙によって親鸞が活躍し門弟たちがいたことがわかっている奥郡《おうぐん》・笠間郡・北の郡《こおり》・鹿島郡・行方郡《なめかたぐん》を見ていきます。

執筆の手順としては、各郡ごとに、まず親鸞の手紙ではどのような内容が書かれているのかを確認します。次にその郡の歴史や環境を文学作品等も参照しながら正確な状況を見ていきます。そしてその中で生まれた親鸞伝承にはどのような内容があるのか、どのような特色があるのかを見てみます。

本書は親鸞の伝記研究の一環として執筆されています。本書は、完全無欠な雲の上の存在としての親鸞を前提としているのでもなければ、唯物史観に立った権力者と戦う親鸞を前提としているのでもありません。関係史料を当時の社会の常識の上で理解し、現代社会の課題からの視点を大切にしています。

史実と伝承の両方をそれぞれ大切にしつつ、両方を合わせて親鸞と浄土真宗史を見ていきたいと思います。

注

本書で引用した親鸞の手紙および『歎異抄』は、『浄土真宗聖典――原典版――』（本願寺出版社、一九八五年）によっています。ただし読みやすいように、原文にはない句読点と濁点をつけ、片仮名は平仮名に改めました。また、本書の各郡における親鸞の手紙の年次は、岩波日本古典文学大系本『親鸞集　日蓮集』によりました。

また同じく本書で引用した『常陸国風土記』は、岩波文庫本『風土記』によりました。『吾妻鏡』は吉川弘文館本『新訂増補国史大系　吾妻鏡』です。

親鸞の伝承と史実——関東に伝わる聖人像——＊目次

第三章　奥郡の歴史と親鸞の伝承

第四章　笠間郡の歴史と親鸞の伝承

第六章　鹿島郡の歴史と親鸞の伝承

第七章　行方郡の歴史と親鸞の伝承

親鸞の伝承と史実

——関東に伝わる聖人像——

第一章　親鸞と関東

ここでは、親鸞の生涯で重要な意味を持つ関東時代のことを中心に見ていきたいと思います。

一、関東移住の前提

関東での生活の準備段階として、以下の何点かが注目されます。

親鸞の出身は貴族　親鸞の曾孫覚如が執筆した『親鸞伝絵《しんらんでんね》（御伝鈔）』には、親鸞は藤原氏の一族である日野氏の出身、と書かれています。でもそれは覚如の創作である、親鸞は貴族の出身ではなかろうという説が広まったことがありました。

しかしながら、やはりすなおに親鸞は日野氏の出身とみてよいと判断できるでしょう。日野氏はもともと中下級の貴族で、しかも系図などから判断すると、親鸞の家柄は日野氏の中でも庶流です。貴族のなかでは大した家柄ではないのです。もし覚如が創作するなら、もっと身分の高い家柄に結び付けたであろうという意見があります。私も賛成です。

それに最近、親鸞は『教行信証』に藤原氏・日野氏流の点を打っているという説が示されました（宇都宮啓吾「訓点から見た坂東本『教行信証』の一側面」『親鸞の水脈』第十三号、二〇一三年）。「点」というのは、漢文を読むために文章の傍に書き込む符号です。それなら、親鸞は日野氏の出身として間違いないでしょう。

恵信尼は貴族の出身　恵信尼は親鸞の妻です。恵信尼の父三善為教《みよしためのり》は中級貴族で、関白九条兼実《くじょうかねざね》の家司《けいし》と推定されます。兼実の推薦で越後介に就任したようです。その任が終わったのは、恵信尼が誕生する四年前です。

また恵信尼は、親鸞より先に法然の教えを受けていました。これらは、恵信尼の手紙を文法的に分析することによって明らかになりました。親鸞の六角堂参籠のことが記されている手紙です（拙著『現代語訳　恵信尼からの手紙』法藏館、二〇一二年）。

そこから当然のように考えられることは、親鸞と恵信尼が結婚したのは、従来言われているような越後においてではなく、京都であったということです。僧侶には不婬戒《ふいんかい》という戒律があり、異性とは交わってはいけなかったのです。結婚してはいけなかったわけです。したがって、親鸞と恵信尼はそれを乗り越えて結婚したということになります。

後に親鸞は流罪にされますが、僧侶は国の宝ですので、僧侶のままでは刑罰に処すことができません。そこで朝廷は親鸞を還俗させ藤井善信《ふじいのよしざね》という俗名を与えました。

越後流罪——伯父日野宗業の援助——

親鸞の越後流罪に、恵信尼は同行しました。『延《えん》喜《ぎ》式《しき》』によれば、妻は流人に同行すべきであったのです。

従来、越後の豪族三善為教が親鸞を、いわば入り婿のようなかたちで引き取って生活の面倒をみたと言われてきました。しかし、為教は京都の貴族です。入り婿説は否定されます。むろん京都にいる為教も助けたでしょうが、主に親鸞の伯父の越後権介《えちごのごんのすけ》日野宗業《むねなり》が親鸞の越後での生活を助けたのです。

日野宗業は、親鸞が越後に流される一か月前、朝廷の臨時の役職任命の式（除目《じもく》）で越後権介に任命されています。宗業は、まず間違いなく実際には任地に行かない遥任の国司であったでしょうが、現職の越後権介の権威は絶大です。親鸞一家は越後権介の権威に守られて、越後で比較的楽な生活を送ったものと思われます（拙稿「親鸞越後流罪の積極的意義」『親鸞の水脈』第十四号、二〇一三年）。

約四年後の宗業の越後権介退職後も、親鸞一家は引き続き安定した生活を送れたはずです。前権介の権威も当時はこれまた大きかったのです。

関東をめざして――念仏布教――

次に、親鸞が関東をめざした理由について見ていきます。私は、親鸞は武士の都鎌倉をめざしたのではないかと考えています。鎌倉時代には京都やその付近で思うような布教活動ができなかった僧が、鎌倉へ来て歓迎されて布教の成果をあげ、京都へ凱旋するということがよくありました。たとえば臨済宗の栄西は鎌倉へ来て将軍源実朝や北条政子に信頼されて寿福寺の住職となり、後には京都で建仁寺を建立してもらっています。親鸞もこの動きに乗ったのではないかと私は考えています。

ただ、親鸞が越後から関東へ行くときに聖になって行ったとする説には賛成できません。明日以前の研究において聖はずいぶんと美化されましたけれども、実態は食うや食わず、明日の食事も保証されない流浪の生活を送った人たちです。必ずしもよい人たちばかりだったのではありません。親鸞が貴族出身の妻恵信尼と、数え年四歳の信蓮房、その三、四歳年上にしか過ぎない小黒女房を連れてそんな危険極まりない状況の中での旅ができたでしょうか。それは無理でしょう。必ず誰か関東で確実に迎えてくれる有力者がいたに違いありません。

二、関東での生活

宇都宮頼綱の招き

親鸞一家の関東での生活の頼りは、第一に宇都宮頼綱《うつのみやよりつな》一族であったと推定されます（拙著『下野と親鸞』自照社出版、二〇一二年）。宇都宮頼綱は下野国（栃木県）中部・南部から常陸国笠間郡にかけての大豪族です。鎌倉幕府でも執権北条時政の娘婿として勢力を持っていました。また後には京都で活躍し、娘の一人は藤原為家《ためいえ》の妻となっています。為家は和歌で有名な藤原定家の後継ぎです。頼綱は、蓮生《れんしょう》と名のった法然の有力な俗弟子でもありましたから、親鸞のこともよく知っていたでしょう。年齢は親鸞より五歳の年下です。その頼綱が親鸞を笠間に招いた、と私は考えています。その笠間郡のなかに稲田郷《いなだのごう》があります。

恵信尼と九条任子

親鸞一家の関東での生活の第二の頼りは、摂関家の九条家領常陸国小鶴荘《こつるのしょう》と私は推論しています。関東で一家を支えた恵信尼が頼りにする存在です。小鶴荘は稲田から数キロメートル東方にあります。また小鶴荘からは涸沼川《ひぬまがわ》および涸沼を経てすぐ太平洋へ出られます。京都への往復は容易です。すでに九条兼実は亡くなっていて孫の道家の時代ですが、恵信尼にとってみればその九条家に援助を頼める、京都からのニュースも容易に入ってくる、何よりも実家の三善家と楽に結びつくことができる便利な小鶴荘だったのです。

都合のよいことに、恵信尼が関東へ入ったときの小鶴荘の領主は兼実の娘宜秋門院《ぎしゅうもんいん》です。後鳥羽《ごとば》天皇の中宮で、恵信尼より九歳年上です。家司の娘たちは主家のお姫さまたちを支えていますし、宜秋門院は法然のもとで出家したくらいですから、恵信尼のこともよく知っており親しかったはずです。

これはまったくの推測ですが、宜秋門院は恵信尼のことを心配していたという推測も成り立つだろうと思っています。その門院が領主の小鶴荘がすぐ近くにあれば、一家を支える恵信尼は心強かったであろうと思うのです。私は、九条家領小鶴荘の存在は注目されるべきであると考えています。

稲田から一泊二日の布教圏

親鸞の住所として知られているのは茨城県下妻《しもつま》市の小島《おじまの》草庵《そうあん》、同じく笠間市の稲田草庵、同じく城里町《しろさとまち》の大山《おおやまの》草庵、それから栃木県真岡《もおか》市の三谷《みやの》草庵などです。どこに何年住んだとか、それぞれの地元での主張があります。それはそれとして、私はやはり稲田草庵に住んでいた年月がもっとも長く、かつ充実した布教活動を行なったのではないかと判断しています。というのは二十四輩等の初期の門弟たちは、ほとんどが稲田から半径三十数キロメートル圏内に住んでいたという事実があるのです。

人間は一時間に四〜五キロメートル歩けますので、単純にいえば親鸞は朝、草庵を出て夕方に目的地に到着、夜に集まってきた人たちに教えを説いた。翌朝そこを出発して夕方に稲田に帰り着いた、ということになります。すなわち、一泊二日の布教の旅です。

それだけでなく、何日もかけて布教にまわったこともあると思います。稲田に静かに留まっていて来た人たちに教えを説くばかりでなく、各地をまわることが多かったであろうということです。

稲田神社の重要性

親鸞が長い間住んだ稲田草庵は、近くの稲田神社のほとんど境内にありました（拙著『親鸞聖人稲田草庵』自照社出版、二〇一一年）。稲田神社は田圃だけで数万坪（当時の一坪は六尺三寸四方ですので、現在なら二十万平方メートルあまり）の領地を持つ巨大な神社で、平安時代の『延喜式』の神名帳では最も格が高い名神大社《みょうじんたいしゃ》に指定されていました。稲田の笠間地方を含む新治東郡《にいはりとうぐん》では唯一の名神大社として勢威を誇っていました。祭神は奇稲田姫命《くしいなだひめのみこと》で、その境内あるいは門前に稲田草庵はあったのです。

そうすると、どういうことか。広い領地は持っている、畑の面積は公表されていませんが、実はたくさん持っていたに違いない。広大な山林も持っていたであろう。当然ながら、そのような領地を守る大兵力も擁していたはずです。神祇不拝《じんぎふはい》だとして奇稲田姫命を拒否し、敬意を表さずに親鸞一家は生活できたでしょうか。しかも一家はそこに長い間住み続けたのです。

鎌倉時代の神仏関係

私たちは、「親鸞は神祇不拝であった」としてきたことを考え直さなければならないのです。明治時代の初めの神仏分離以来、日本人は神と仏とをはっきりと分けて考えるようになってしまった。しかし、鎌倉時代は異なる見方で神と仏とを把握していたのではないか。そうでなければ、親鸞一家が神社の境内あるいは門前に草庵を構えるなどということはとても考えられません。

それから、親鸞は後に常陸北部の大山草庵に住んで布教に当たったと言われています。大山草庵は完全に阿波山上《あわさんじょう》神社の境内にありました。この神社は、稲田神社ほどではありませんが、先ほどの『延喜式』の神名帳に出る国家にその権威が認められた神社です。鎌倉時代の人たちは神と仏との関係をどのようにしてとらえていたのか、調べ直さなければなりません。その上で、親鸞が神祇をどのように把握し信仰上に位置づけていたのか、これも考え直さなければなりません。

鹿島神宮で仏教書を読んだか

また、『教行信証』執筆の問題があります。『教行信証』は親鸞の関東時代に書き始められ、帰京後に完成したのはまず間違いのないところかと思います。では親鸞は関東のどこで執筆にあたっての諸経典や参考文献類を読んだのか。笠間郡の領主である笠間《かさま》時朝《ときとも》が後に宋版一切経を鹿島神宮に奉納しますので、時朝を頼ったのではないかという説もありました。しかし親鸞が関東へ入ったとき、時朝はまだ数えの十二歳ですから、この説をとることはできません。いままで、親鸞は鹿島神宮に所蔵する書物を参考にした、そのために鹿島神宮に通《かよ》った、というのが学界の大まかな了解事項になってきました。しかし、稲田から鹿島神宮までは直線距離で六十キロメートルもあります。「通った」にしては遠すぎるのではないか、というのが私の実感です。

仏教書を所蔵する諸寺社

ところが前述したように、稲田神社は平安時代以来の名神大社です。昔、神社には僧侶が大勢いました。過半数どころか圧倒的多数が神社の構成員でした。そして経典もたくさんありました。稲田神社にも同じように多くの経典があったに違いありません。親鸞がこの神社の境内もしくは門前に住んだのは、このことに積極的な目的があったからではないでしょうか。

さらにはまた筑波山《つくばさん》もあります。こちらは稲田から直線距離で二十キロメートル程度です。筑波山はいまでこそ筑波山神社が大きな勢力を持っていますが、明治時代に入る前までは寺院が中心でした。中禅寺《ちゅうぜんじ》といいます。奈良時代末期の法相宗《ほっそうしゅう》の学僧徳一《とくいつ》が開いたものです。鎌倉時代も大寺院として栄えていました。その聖界・俗界にわたる支配者は筑波氏で、そのころの当主である筑波為氏は宇都宮一族、頼綱の近い親族です（父の従兄弟）。親鸞は訪問しやすかったはずです。そして太平洋から鹿島神宮のすぐ南を通って霞ヶ浦に入り、桜川《さくらがわ》をさかのぼって筑波山のそばに至るという重要な交通ルートがありました。筑波山の中禅寺も新しい経典類を手に入れやすかったのではないか、と思われます。

それぞれの地域の信仰　前述した神祇のこともそうですが、親鸞はそれぞれの地域の信仰に対してどのような態度をとったのでしょうか。後に有名になった二十四輩《にじゅうよはい》やその他の門弟たちの住所ではいろいろな信仰がなされていたようです。

二十四輩第一の性信《しょうしん》の横曾根《よこそね》では真言宗の影が濃くありました。性信もその周りの門徒たちも、その影をかなり取り入れていた気配があります。

二十四輩第二の真仏は下野国高田を根拠地にしていました。ここは虚空蔵《こくぞう》信仰が広がっていました。

同じく第三の順信の鹿島地方は、いうまでもなく鹿島信仰が圧倒的な勢力を有していました。鹿島の神様を拝まなければ生きていけないのです。

そこで考えてみますと、親鸞は異なった信仰を持ったまま自分が説く阿弥陀仏の教えを受け入れている人たちが多くいる、ということを十分に知っていたのではないでしょうか。親鸞はそれを「おまえ、だめじゃないか」とか、「私の信仰とは違う、すぐ改めなさい」とか、たまには言ったかもしれませんが、多くの場合はそうではなかったのではないか。そのように推定しなければ前述した二十四輩などの信仰のあり方が理解できないと思うのです。

いままでの研究で欠けていたところは、親鸞と門弟たちは具体的にどのような話し合いをしていたのか、実際にはどうだったのかということです。

茨城県のなかでもいろいろな地域があります。私も茨城県に三十数年住みました。最初は驚くことも多かったのです。ずいぶん、私の常識とは異なることがありましたので。でも私たちは、それらのことと折り合いをつけて生きていかなければならないのです。逆に、どのように異なる状況のなかで、人々は親鸞の教えを受けとめていったのか。

親鸞の対応　私は、現代の教義の問題を述べているのではありません。親鸞の時代、ふだんの生活のなかの信仰はどのような状況であったのか、という観点からの話です。親鸞自身は、教義として考えていたことが百パーセント通らなくても、それでよしとしていたのかどうか。おそらくそうだろうと、私は見通しを立てています。

平均寿命は四十代前半　さらにもう一つ重要な問題があります。それは、親鸞はなぜ六十歳の還暦のころに関東を離れて京都へ帰ったのかということです。これについても、なぜ越後から関東へ向かったのかという問題と同様、いろいろな説があります。結論のようなものは出ていません。かつて、念仏への弾圧を避けるためとか、法然の手紙類を集めて『西方指南抄《さいほうしなんしょう》』を編もうとしたためであるとか、あるいは『教行信証』を完成させるためであるとか、種々の説が出ました。

しかし忘れてはならないのは、当時の人間の平均寿命は四十歳代前半であったことです。親鸞も周りの人たちも、親鸞が六十歳ほどで帰洛後三十年もの長寿を保つとは誰も思っていなかったはずです。あと三十年もあると思えば、では何のために、どのような仕事をする目的で帰洛したのかと思いますけれども、そんな三十年という見込みはまったくなかったのです。従来から人間は還暦になると故郷が恋しくなるものだ、親鸞もそうだったのだろうという説がありました。私はこの説に妥当性を感じています。

以上、親鸞の関東時代についての概略を記しました。では次に常陸国についての検討に入ります。本書の「はじめに」でも述べましたように、まず親鸞の手紙から、常陸国のそれぞれの地域で親鸞に関するどのような話題があったかを見ていきます。次にその地域の歴史や環境を古代から中世にかけてについて検討し、その中で親鸞に関するいかなる伝承が生まれたかを確認していきます。最後に、それぞれの地域の親鸞伝承の特色をまとめたいと思います。

第二章　常陸国——親鸞の活躍の舞台

一、親鸞の手紙に見る常陸国の話題

親鸞の手紙の第四通に「常陸国」、第八通・第九通と第四十一通に「常陸」、第三十五通・第三十六通に「ひたち」と出てきます。いうまでもなく、全部同じ常陸国を示しています。本項ではそれらの語っている話題を確認していきます。

1　明法房（山伏弁円）の往生を喜ぶ（第四通）

明法房（山伏弁円）の往生　まず第四通から見ていきましょう。年月日未詳、宛所《あてどころ》（宛先）未詳で、冒頭に次のようにあります。

御《おん》ふみ、たびたびまいらせさふらひき。御覧ぜずやさふらひけん。なにごとよりも、明法御房《みょうほうのおんぼう》の往生の本意とげておはしまし候こそ、常陸国うちの、これにこゝろざしおはしますひとびとの御ために、めでたきことにてさふらへ。（後略）

〔あなたに手紙を何度か送りました。ご覧にならなかったのですか。どのようなことよりも、明法御房が本望のとおりにめでたく往生されたことこそ、常陸国のなかの、極楽往生をめざす人々のためにすばらしいことと言えましょう。〕

親鸞は、この手紙を送った相手に、「私が今まで何度か送った手紙を読んでいないのか」と少し強い調子で書き始めています。二人の意見が合わないか、あるいは親鸞の意見を無視した形での手紙が相手から送られてきていたのでしょう。

すぐれた念仏の行者

続いて明法房、もとの名を山伏弁円《やまぶしべんねん》という門弟が往生したことを取り上げています。初め親鸞の布教に強く抵抗した弁円は、親鸞の門弟明法房となっていました。そして熱心な念仏の行者としてやがては臨終を迎えました。

親鸞は、明法は極楽往生したに違いないと確信し、これは常陸国の門弟たちに希望を与えるめでたいことだと感動しているのです。

明法房が亡くなったのは建長《けんちょう》三年（一二五一）のことですから、このとき親鸞は七十九歳です。第四通はこの年あるいは翌年に書かれたものでしょう。

2　念仏の有念無念について（第四十一通）

念仏の有念・無念の論争について

次に親鸞の手紙第四十一通を見ていきましょう。これは年未詳十二月二十六日付の教忍房《きょうにんぼう》宛ての返書で、「常陸国中」とあります。「常陸の人々へ」という意味です。

（前略）また、有念無念《うねんむねん》とまふすことは、他力の法門にはあらぬことにてさふらふ。聖道門《しょうどうもん》にまふすことにてさふらふなり。みな、自力聖道の法文《ほうもん》なり。阿弥陀如来の選択本願念仏は、有念の義にもあらず、無念の義にもあらずとまふしさふらふなり。（中略）常陸国中の念仏者のなかに、有念無念の念仏沙汰のきこえさふらふは、ひがごとにさふらふとまふしさふらひにき。たゞ詮《せん》ずるところは、他力のやうは、行者のはからひにてはあらずさふらへば、有念にあらず、無念にあらずとまふすことを、あしふきゝなして、有念無念なんどまふしさふらひけるとおぼえさふらふ。（後略）

〔また、本願を信じて念仏を称えるとき仏のお姿などを思い浮かべる（有念）のか、教理を思うだけで具体的なものを思い浮かべない（無念）のか、これらは他力の教えでは考える必要はありません。これらは自力の教えのことです。選択本願の念仏は自力のはからいを離れたものですから、有念でもなければ無念でもありま

せん。（中略）
常陸国の念仏者の中に、有念の念仏と無念の念仏とどちらが正しいか論争をしている人たちがいるそうですが、そのように論争することは誤りです、と私は以前に申しました。結局、本願他力の趣きは、行者のはからいを離れたところにあるのですから、有念でもなければ無念でもないということを誤って受け取り、こちらが正しいなどといっているのでしょう。」

各地の念仏者の問題　この論争は親鸞門下だけでなく、各地の念仏者によって問題とされた事柄です。親鸞は有念無念は問題ではないと強調しています。

3　親鸞の息子善鸞の問題（第九通）

善鸞の異義について　次に親鸞の手紙第八通に「常陸」、第九通にも「常陸」とあります。後者は慈信房《じしんぼう》（善鸞《ぜんらん》）宛てのいわゆる義絶状《ぎぜつじょう》です。前者は門弟の性信房宛てで、これはいわゆる義絶通告状です。後者には、

（前略）これにも、常陸・下野の人々は、みな、しむらむが、そらごとをまふしたるよしを、まふしあはれてさふらえば、今は父子のぎはあるべからずさふらう。（後略）

〔私に対しても、常陸・下野の人たちは、皆、親鸞が嘘をついたといいあっていますので、今はあなた（善鸞）とは親でもなければ子でもありません。〕

とあります。また前者には、

（前略）さては慈信が法文の様ゆへに、常陸・下野の人々、念仏まうさせたまひさふらふことの、としごろうけたまはりたる様には、みなかはりあふておはしますときこえさふらふ。

〔なるほど、慈信（善鸞）が教えたことによって、常陸・下野の人々の信心は私が長年にわたって聞いていたのとは皆変わってしまったそうですね。〕

と記されています。

親鸞が善鸞を義絶したかどうか、従来から問題になっているところです。ただしこの親鸞の手紙には真筆はなく、写本が残っているだけです。別に、親鸞の高弟性信宛ての義絶通告状と呼ばれている親鸞書状にも真筆はありません。室町時代の版本（版木に彫って印刷された本）で伝えられているだけです。それにこの義絶問題では、善鸞側の史料は一切使われていません。確実な史料は発見されていないのです。つまり、いままでの義絶関係の史料は、すべて善鸞は親不孝な悪い人間という観点から読まれています。これは見直すべきであると思います。このことについての私の考えは、別稿に述べてあります（拙著『親鸞と東国』吉川弘文館、二〇一三年）。

4　「いまごぜんのはゝ」に（第三十五通）

「いまごぜんのはゝ」宛ての手紙　親鸞の手紙の第三十五通は「いまごぜんのはゝ」宛てです。年未詳十一月十一日付で、

ひたちの人々の御中《おん》へこのふみをみせさせ給へ。（後略）
〔常陸の方々にこの手紙をお見せください。〕

とあります。

5　「いまごぜんのはゝ」を助けて（第三十六通）

「いまごぜんのはゝ」を助けてほしいという手紙　こちらは翌日付で、本文に「いまごぜんのはゝ」の生活を助けてやってほしいとの訴えがあり、宛所に、

ひたちの人々の御中へ

とあります。

親鸞の手紙は、現状で四十数通残っています。ただ、親鸞の真筆（自筆）は十通ほどで、あとは写本・版本です。したがって写本・版本がほんとうに親鸞の真筆をもとにしているのかどうか、学問的には問題になるところです。本書ではその問題には触れずに、四十数通の中にどのように「常陸国」が示されているかという観点から検討しています。次項の奥郡以下も同じです。

また現存の親鸞の手紙は、すべて親鸞が六十歳のころに京都に帰ってからのものです。でも、むろん、親鸞と常陸国との関係は帰京後に始まったのではありません。ただ親鸞が常陸国およびその周囲に住み、活動していたころの文書や記録はまったく発見されていません。そこで本書では親鸞の手紙に出てくる地名を手がかりにして検討を進めているのです。

では、親鸞が活躍した常陸国についての歴史と、その環境についてあらためて見ていきたいと思います。なお、常陸国の歴史研究についての基本的文献は、『茨城県史　原始古代編』『茨城県史料　原始古代編』『茨城県史　中世編』『茨城県史料　中世編Ⅰ～Ⅴ』です。

二、常陸国の歴史

1　常陸国と茨城県との関係

もと常陸国と、もと下総国北部

遠方に住んでおられる方々は、常陸国といえば茨城県、茨城県といえば常陸国と思われる方々も多いでしょう。しかし、茨城県の県域と昔の常陸国の国域とは、まったく同じということではありません。親鸞のころでいえば、茨城県は常陸国全域と、下総国・陸奥国・武蔵国のそれぞれ一部で成り立っていました。北から見れば、茨城県久慈郡大子町《くじぐんだいごまち》はもと陸奥国に属していました。茨城県の西南部である結城市・千代川村（平成十八年一月一日からは下妻市に合併）・八千代町・古河市・常総市・坂東市・境町《さかいまち》・五霞町《ごかまち》・守谷市《もりやし》・取手市・利根町はもと下総国所属です。北下総地方ともいうべき下総国の四分の一ほどを占める、広大な地域です。

もと武蔵国

そして古河市の一部が武蔵国です。古河市のなかでも、平成十七年九月十二日に総和町・三和町と合併する以前の狭い旧古河市の西部、埼玉県（もと武蔵国）に接するあたりです。昔の古河市の西端付近は沼地や河川が多く、大雨が降るとすぐ氾濫し、その国境や地域境がわからなくなりました。はっきり定めていなかった気配もあります。そのため、古河市の区域がはっきりするのは江戸時代以降という驚くべき事実もあります。もっともこの二十一世紀の時代においても、湖沼や河川を挟む二つ以上の市町村で、その境目が決定していない所が十七か所もあるといいます。古河市の例は驚くにはあたらないのです。

もと陸奥国　茨城県の大子町は広い町域を持っています。そして全域、平安時代から一貫して陸奥国依上保《よりかみのほ》と呼ばれてきました（『大子町史　通史編上巻』大子町、一九八八年）。まわりを山々に取り囲まれつつも、中央部の平地に向かって求心力を形作ってきた地域です。ここは十六世紀から十七世紀にかけて、南から進出してきた常陸北部の大豪族佐竹氏の支配下にありました。そのためでしょう、文禄四年（一五九五）の豊臣秀吉の太閤検地《たいこうけんち》において常陸国に組み入れられました。佐竹氏は豊臣大名ともいうべき秀吉傘下の大名であり、陸奥国依上保支配の正当性を主張する上で優遇されたと考えられます。

2　古代の常陸国――豊かな国

①常陸国成立以前の状況

『常陸国風土記』　常陸国が成立する前のことについて、『常陸国風土記』には次のような文があります。

古者《いにしへ》、相模の国足柄《あしがら》の岳坂《さか》より東の諸《もろもろ》の県《あがた》、総べて我姫《あづま》の国と称《い》ひき。是の当時《とき》、常陸と言はず、唯新治《にひはり》、筑波、茨城《うまらき》、那賀、久慈《くじ》、多珂《たか》の国と称ひ、各、造《みやつこ》、別《わけ》をして検校《をさ》めしめき。

〔昔は相模国（神奈川県）足柄峠から東の諸地方は、すべて我姫（我妻、吾妻、東）国と称していました。そのころ常陸国は常陸とはいわず、ただ諸地域を新治、筑波、茨城、那賀、久慈、多珂国と称しており、造や別に治めさせていました。〕

造や別は地方豪族で、同時に朝廷の支配体制に組み込まれていた人たちです。

『更級日記』　『常陸国風土記』に出る足柄峠は、神奈川県南足柄市と静岡県駿東郡小山町（または御殿場市）との境にある険阻《けんそ》な峠で、古代には東海道として整備され、西国から関東への玄関口として知られていました。

平安時代中期に菅原孝標の娘が著わした『更科日記《さらしなにっき》』に、父の任地上総国から帰京するとき足柄山を通ったとして、次の文があります。

足柄山といふは、四五日かねて、おそろしげに暗がりわたれり。やうやう入りたつふもとのほどだに、空のけしき、はかばかしくも見えず。えもいはず茂りわたりて、いとおそろしげなり。（中略）まだ暁より足柄を越ゆ。まいて山の中のおそろしげなる事いはむ方なし。雲は足のしたに踏まる。（岩波日本古典文学大系『土左日記　かげろふ日記　和泉式部日記　更科日記』）

〔足柄山というのは、四、五日も前から恐ろしそうな暗さでいっぱいの様子が見えていました。やっと到着した足柄山の麓に立っただけなのに、あまりに木々が茂っているので空もはっきり見えず、とても恐ろしそうです。（中略）まだ朝の暗いうちに足柄峠を越えました。特に山の中の恐ろしそうなことは、言葉には表わせません。雲を足の下に踏んで進みました。〕

富士山が平安時代はじめの延暦《えんりやく》十九年（八〇〇）から同二十一年（八〇二）に噴火し、静岡県側が通れなくなったとき、足柄峠の南方の箱根峠を越える街道も整備されました。鎌倉時代以降は、箱根峠を利用することが多くなりました。

②常陸国の成立

「常陸」の由来

さて『常陸国風土記』には、孝徳天皇の時代に我姫地方を分けて八つの国としたこと、その一つが常陸国であったと記しています。では、「常陸」と名づけた理由は何か。同書には二つの説があげられています。それは、

イ　往来する道路に海や川の渡しがなく、山の峰や谷で続いているので早く目的地に到

着できます。すなわち「近く通ふ義」を「直通《ひたみち》」とし、そこから「ひたち」の名が生まれました。

ロ　日本武尊が新治で清く澄んだ泉で手を洗ったとき、「御衣の袖、泉に垂りて沾《ひ》ぢぬ（濡《ぬ》れる）」。これは「袖を漬《ひた》す義」であるので、そこから「ひたち」の名が生まれました。

という二説です。しかし他にもいくつかの説があります。例えば、

ハ　古くは東北地方が「日高見国《ひだかみのくに》」と呼ばれている（『日本書紀』）ので、そこへ通う路、つまり「日高見路《ひだかみぢ》」が「ひたち」となり、常陸の字が当てられました。

『茨城県の地名』（日本歴史地名大系8、平凡社、一九八三年）では、この説が有力であると主張しています。『常陸国風土記』には、「日高見国」というのは常陸国の信太郡《しだぐん》がそのように言われていたと記されています。信太郡は霞ヶ浦の西南部に接する地域一帯です。

また次の説もあります。

ニ　東北地方が道奥《みちのく》といわれたときには常道《ひたみち》と呼ばれ、陸奥といわれるようになると常陸となるので、道の奥に「じか」に接する国として直通という国名が生まれたのであろうという説（『茨城県大百科事典』茨城新聞社、一九八一年）です。

「ひたち」の「ひた」は、直通の「ひた」でもなければ漬すの「ひた」でもなく「じか

(直接)に」という意味でしょう。それは『万葉集』巻五の山上憶良の貧窮問答歌に、

伏盧《ふせいほ》の曲盧《まげいほ》の内に直土《ひたつち》に、

と見える「ひた」と同じです。さらに、「ひたち」の「ち」は「道」です。「道」は必ずしも道路を意味せず、東海道・東山道のような古代の行政組織をさします。

常陸国府　常陸国の国府は現在の石岡市に置かれていました。国府の中心である国衙《こくが》(役所の建物)は、石岡小学校(石岡市総社二丁目)付近にありました(『常府　石岡の歴史』石岡市教育委員会、一九九七年)。昭和四十八年、石岡小学校の校舎改築に伴って校庭の中央部付近の発掘調査が実施されたおり、多くの柱穴が発見されました。大形のものは直径一・五メートル、深さ二メートルもありました。現在、この小学校の校舎脇に常陸国府跡の記念碑が建てられています。

国府の近くには国府の宮(のちの総社神社。現存)と、国分寺・国分尼寺が建立されていました。

この常陸国府は、信太・河内・筑波・白壁(のち真壁)・新治・茨城・香島(のち鹿島)・行方・那賀(のち那珂)・久慈・多珂という常陸十一郡を管轄していました。

③常陸国はどのように豊かだったか

常陸は大変豊かな国

浄土真宗の歴史においては、関東は荒野、常陸国も貧しいところというのが一般的なイメージでした。しかし事実はそうではありません。

まず『常陸国風土記』には常陸の状況を次のように述べてその豊かさを示しています。

それ常陸の国は、堺は広大に、地《くに》も緬邈《はろか》なり。土壌沃墳《つちうるほ》ひ、原野肥衍《こえ》たり。墾発《あらき》の処、山海の利、人々自得《ゆたか》に、家々足饒《にぎは》へり。設《も》し、身を耕耘に労《いたづ》き、力を紡蠶に竭《つく》す者あらば、立即《たちどころ》に富豊《とみ》を取るべく、自然《おのづから》に貧窮を免るべし。況はめや復、塩と魚との味を求《ねが》はば、左は山にして右は海なり、桑を植ゑ麻を植ゑむには、後《しりへ》は野にして前は原なり。いはゆる水陸の府蔵、物産の膏腴といへるものなり。古《いにしへ》の人の常世《とこよ》の国といふは、蓋し疑はくは此の地ならむか。

〔常陸国は広く、耕地もはるか遠くまで広がっています。地面は潤っていて肥料分は多いです。開発した耕地や山や海からの収穫物で人々は豊かであり、家々は賑わっています。もし田畑を耕すことや紡績に努力すれば、すぐさま豊かになり、貧しさを免れることができるでしょう。いうまでもなく、塩や魚を望めば、左は山で小川から魚が採れますし、右は海で塩が採取できます。桑や麻を植えたいと思えば、家の後ろや前は野原で楽に育てられます。周囲は財産の倉庫のようなも

のです。昔の人が称した理想の国である「常世の国」は、まさにこの常陸国のこ
となのではないでしょうか。」

田の面積と兵士

平安時代の承平《しょうへい》年間（九三一―九三八）に作成された『和名類聚抄《わみょうるいじゅうしょう》』に、常陸国全体の田の面積は四万九十二町六反百十二歩とあります。これは陸奥国に次いで全国第二位です。

延長《えんちょう》五年（九二七）に完成した『延喜式』によれば、官稲の出挙《すいこ》（稲の収穫量に応じて提出する租税の一種）では常陸国に全国一の数量が課せられています。常陸国は全国最大の課税額を負担していたのです。したがって、稲の収穫を基準に判断すれば常陸国は全国一豊かなところだったといえましょう。

同じく『延喜式』によりますと、各地に置かれた警備の兵士のなかで常陸国は二百人とされています。これは近江国とともに陸奥国に次ぐ全国第二位でした。

前掲の常陸国分寺と同国分尼寺の規模もまた大きかったのです。国分寺（僧寺）の寺域は、東西および南北ともに二百二十メートルの広さです。その数百メートル北西にあった国分尼寺も、東西・南北百六十メートルもあります。両寺ともに七堂伽藍《がらん》を備えていたことは、残された礎石で判明します。そして両寺ともに国の特別史跡に指定されています。両寺合わせての指定は全国的にも例がありません。

そして『延喜式』によれば、朝廷に公認された地方の有力神社である式内社が鹿島神宮をはじめ二十八社、そのうち有力として最も格が高い名神大社が七社もあります。名神大社が七社もあるのは、全国で常陸国だけです。

常陸は「大国」

最後に、『延喜式』では全国六十数か国を四段階に分けていることを見ておきましょう。収入（租税）が多い、つまりは豊かな国から貧しい国までを、大国・上国・中国・下国という四段階に分けています。常陸国は大国なのです。

また大国のなかでも、収入の多く条件のよいところは、親王を最上位の国司である守《かみ》に任命していました。これを親王任国《しんのうにんこく》といいます。親王は現地には赴かず、国司としての給料を受け取るだけです。なんと常陸国はこの親王任国でした。

名神大社の稲田神社

そして親鸞が長い間住んだ稲田には名神大社である稲田神社がありました。稲田神社は鎌倉時代の中期でも田だけでも五万坪あまりを所有する大神社でした（「弘安の大田文《おおたぶみ》」）。当時の常で、稲田神社には広い畑があり強力な僧兵軍団がいたに違いありません。そして多数の仏教書のある図書館も。また稲田には基幹街道の一つが通っていて、しかものちの宿場にあたる駅《うまや》（駅家《うまや》）がありました。大神駅《おおかみのうまや》です。稲田は多くの人たちで賑わっていたに相違ないのです。

さらにいえば、稲田草庵の跡である西念寺は、稲田神社の大鳥居から三、四百メートルしか離れていません。親鸞の置かれた環境と彼の心情は検討し直さなければいけないのではないでしょうか。

ちなみに、関東では上野国も大国で親王任国、上総国も同様です。常陸国だけでなく、関東のイメージも考え直すべきでしょう。

④文学に示された常陸国

『万葉集』　ここでは常陸ないし常陸国が出てくる文学作品を見ていきます（今瀬文也『文学の中の茨城　上代―中世』太平洋出版、一九七四年）。まず、『万葉集』です。

常陸国信太郡（霞ケ浦の南岸地域）から防人として徴発された物部道足《もののべのみちたり》が難波の港で詠んだ歌に、

常陸さし　行かむ雁もが　吾《あ》が恋を
記して付けて　妹《いも》に知らせむ
〔常陸をさして飛んでいく雁に手紙をつけ、私の恋しい気持を妻に知らせたい〕

とあります。

『懐風藻』　『懐風藻《かいふうそう》』には、『常陸国風土記』の編者とみられる藤原宇合《うまかい》の漢詩が六首載せられています。その一首に記された詞書《ことばがき》に、

常陸に在るときに、倭判官《やまとのほうがん》が留りて京に在すに贈る、

〔常陸国にいるときに、京都に滞在している倭判官に贈ります、〕

とあります。

『源氏物語』　『源氏物語』若紫に風俗歌が引用されています。「風俗歌」とは、平安時代の貴族たちの間で愛唱された地方民謡の一つです。そのなかに次の歌があります。

常陸にも　田をこそ作れ　あだ心　かぬとや君が
山を越え　雨夜来ませる

〔常陸では私は田で働いていて暇もありません。それなのにあなたは私に他の愛人がいるのではないかと心配し、野山を越えてこの雨夜にいらっしゃった〕

という意味です。

『古今和歌集』　大和守源精の娘である寵の歌の詞書に次のようにあります。

常陸へまかりける時に、藤原公利《きんとし》によみてつかはしける、

〔常陸国へ行ったときに、藤原公利に詠んで贈りました、〕

『更科日記』　常陸介菅原孝標の娘が書いた『更科日記』に次の一節があります。

あづまより人来たり。神拝《しんぱい》といふわざして国の内ありきしに、水おかしく流れたる野の、はるばるとあるに、木むらのある、おかしき所かな、見せでと、まづ思いでて、

〔父が常陸介として勤務している所から使いが来ました。父は、国司が任地に下ったときに行なう国内神社の参拝をしてまわっていたところ、川が趣き深く遠くまで流れている地域で、森があり興味深いので、そなたに見せたいけれども見せられないと、まず思いました、〕

（下略）

という手紙が来たというのです。本文中の「国」は常陸国です。

『将門記』　平将門の活躍を描いた軍記物です。常陸・下総が主な舞台となっています。紹介は省略します。

『今昔物語集』　『今昔物語集』には、常陸に関する話がいくつも載せられています。例えば、巻二十五第一に、題が、

平将門、謀反を発して誅せ被ること

〔平将門、朝廷に叛乱を起こして殺されたこと〕

とあります。これは『将門記《しょうもんき》』をもとにしています。巻二十五には第二話以降にも「常陸」が散見します。また巻二十七第四十五に、これも題で、

常陸国の山中にして歌を詠《うた》ひて死にたること

〔常陸国の山中で歌を詠って死んだこと〕

があり、巻三十一第十七には、本文として、

今は昔、藤原信通《のぶみち》の朝臣《あそん》と云ける人、常陸の守にて其の国に有りけるに、任はての年四月ばかりの比、風糸おどろおどろしく吹て、極く荒ける夜、□□の郡の東西の浜と云ふ所に死人被打寄たりけり。（下略）

〔今は昔のことになりましたが、藤原信通朝臣という名の人が常陸守となってその国にいたとき、任期最後の年の四月のころ、風がとても強くて大変荒れていた夜に、□□郡の東西の浜という所に死人が打ち寄せられました。〕

などとあります。この死人は五丈余り、すなわち十メートル以上の巨人であったといいます。

3　中世の常陸国――豪族の支配

①平安時代末期から鎌倉時代の常陸国

荘園・公領の成立　全国的な古代律令制の崩壊に伴って、常陸国でも荘園や公領（国衙領）が成立しました。また支配領域の関係から郡域の変更や郡名を私称することも行なわれました。

例えば常陸北部の多珂《たか》・久慈《くじ》・那賀《なか》の三郡は多珂・久慈東《くじとう》・久慈西《くじさい》・佐都東《さととう》・佐都西《さとさい》・那珂東《なかとう》・那珂西《なかさい》および吉田郡に分かれました。茨城郡は北の郡《きたこおり》・南の郡と府郡《ふぐん》（府中）に、新治郡は東郡・中郡・西郡に分かれました。このうち、東郡は下野国から侵入した宇都宮氏によって笠間郡と私称されるようになりました。西郡は南条（関郡）と北条（伊佐郡）に分かれました。筑波郡もまた南条と北条に、信太郡は東条と西条に分かれました。

他の、真壁郡・河内郡・鹿島郡・行方郡はほぼそのまま継続しています。

②諸豪族の展開

佐竹氏　常陸国北部を支配したのは主に清和源氏の佐竹氏でした。紆余曲折を経て、佐竹氏は戦国時代末期まで勢力を保っています。

常陸大掾氏　常陸国南部は桓武《かんむ》平氏《へいし》の常陸平氏一族が支配する様相を呈していました。また常陸国は親王任国なので、国衙に詰める現地の役人たちが国の実質的支配を行なっていました。その最上位にある常陸掾《ひたちのじょう》は常陸大掾を称し、常陸平氏の嫡流に独占される傾向にありました。彼らは国府付近を本拠としていました。

小田氏　また鎌倉幕府が成立すると、その下で主に警察・軍事権を握る職の守護には藤原系の八田《はった》知家《ともいえ》が任命されました。この守護は、以後その流れを汲む小田《おだ》氏が世襲しました。その一族の宍戸氏《ししどし》が任命されることもありました。小田氏は筑波郡小田を本拠としていました。

藤原一族には小田氏・宍戸氏の他に、笠間氏・関氏・田中氏・伊佐氏、常陸平氏一族には常陸大掾氏の他に吉田氏・石川氏・真壁氏・小栗氏・下妻氏などがいます。

以上のように見てきましたとおり、常陸国は山あり平野あり、また河川や海のある、そしてそこから多くの産物が採れる豊かな国でした。その様子は多くの文学作品にも取り上げられています。また多くの河川や湖沼があることによる水の被害も多くありました。そのようななかでの親鸞の活躍でした。

次に、常陸国のそれぞれの地域について、郡を基準に検討していきたいと思います。その郡を、どのような理由で取り上げるかを次に見ておきます。

三、常陸国の諸郡と親鸞の活動――奥郡・笠間郡・北の郡・鹿島郡・行方郡

常陸国を構成する郡は、古代と中世では同じ地域でも異なる名称になっている場合があ

ります。開発の進展や、支配の様相の違いでそのような結果になっています。常陸国北部には、もともと三つの郡がありましたが、それが三つに分かれ、合わせて奥郡と呼ばれました。その南西部の先に、もと新治郡の一部だった笠間郡があります。親鸞の稲田草庵があった所です。そこから南に茨城郡の北部である、通称、北の郡がありました。そのさらに南に常陸国府がありました。国府一帯は府郡とも呼ばれていました。さらに南に行くと、鹿島郡が東に、行方郡が西にありました。いずれの郡も、親鸞の手紙に出てきます。

次に、この五つの郡について検討していきます。それぞれ、まず親鸞の手紙に出る話題を調べ、各郡の古代・中世の歴史と環境を検討し、最後に親鸞伝承を見ていきます。

第三章　奥郡の歴史と親鸞の伝承

一、親鸞の手紙に見る奥郡の話題

親鸞の手紙の第三通、第二通、第十七通に「奥郡」が出ています。まず第三通から見ていきましょう。

1　明法房（山伏弁円）の往生を喜ぶ（第三通）

明法房の往生を喜ぶ(1)　第三通は、明法房（もと山伏弁円）の往生を喜ぶ内容です。

このふみは奥郡におはします同朋の御中に、みなおなじく御覧さふらふべし。あなかしこあなかしこ。

としごろ念仏して往生ねがふしるしには、もとあしかりしわがこゝろをもおもひかへして、とも同朋にもねんごろにこゝろのおはしましあはゞこそ、世をいとふしるしにてもさふらはめとこそおぼえさふらへ。よくよく御こゝろえさふらふべし。

〔この私の手紙は、奥郡におられる同朋の皆様の間で残りなく御覧ください。どうぞよろしく。長い間念仏を称えて極楽往生を願ってきた証拠として、今までの悪かった自分の心を思いなおして、仲間にも親切な心で接しあうことこそ、この世を大切にする証拠でもあるだろうと強く思っております。よくご理解くださ い。〕

親鸞は手紙が皆で回覧されることを強く希望しています。

2　明法房（山伏弁円）の往生を喜ぶ（第二通）

明法房の往生を喜ぶ(2)　次に第二通には、同じく明法の往生を喜ぶ内容の部分に「奥郡」が出ています。

鹿嶋《かしま》・なめかた・奥郡、かやうの往生ねがはせたまふひとびとの、みなの御よろこびにてさふらふ。

〔鹿島・行方・奥郡の、このような往生を願っておられる方々の、皆の喜びごとです。〕

3　親鸞の息子善鸞の問題（第十七通）

善鸞の問題　最後に第十七通に次の文章があります。善鸞の問題についての親鸞の気持です。文中、「慈信」とあるのが善鸞です。

奥郡のひとびとの慈信坊にすかされて、信心みなうかれあふておはしましさふらふなること、かへすがへすあはれにかなしふおぼえさふらふ。

〔奥郡の門徒が善鸞にだまされて、皆、信心が動揺しておられるということは、とてもいとおしく悲しく思われます。〕

善鸞の問題についての私の考えは前述しましたので、ここでは省略します。ただ、右の引用史料によって、奥郡が善鸞の活動地域であったということは推定されます。

二、奥郡の歴史と環境

1　古代の奥郡――『常陸国風土記』を手がかりに

国府から遠く離れた山地寄りの地域　「奥郡」といえば、親鸞と浄土真宗に関心のある方々は、常陸国特有の地名と思いがちです。しかし、これは日本各地にあった地名です。常陸の他に、陸奥、越後、信濃、三河、飛驒、大和、紀伊、肥前等の諸国にもあったのです。いずれも国府から離れた山地寄りの地域をさす地名でした。そのなかで陸奥国の奥郡はもっともよく知られています。

常陸国の奥郡と佐竹氏　そして常陸北部の七つの郡で構成される奥郡は、大豪族佐竹氏によって支配されました。しかし親鸞が関東へ来たころ、佐竹氏は源頼朝のために倒され、雌伏して再興の機会を窺っていました。常陸の奥郡には、昔日の繁栄を知る人々が多く残っていた時期でした。

常陸国北部の諸郡　常陸国の奥郡は現在の茨城県北部で、那珂川とその流域から北の部分です。この地域には、もともと北から多珂郡、その南に久慈郡、さらにその南に那珂郡という三つの郡がありました。

十世紀になると、那珂郡から吉田郡が分かれ出ました。那珂川の下流域です。そして十二世紀後半までに久慈郡が東西に分割され、東の部分が佐都東郡と佐都西郡となりました。この新しい二郡は南北に流れる里川《さとがわ》を境としています。久慈郡の西の部分は、久慈東郡と久慈西郡となりました。この二郡の境は久慈川です。そして吉田郡を分出した那珂郡の、残りの東部が那珂東郡に、西部が那珂西郡となりました。これは那珂川を境としています。

奥郡の成立　こうして成立した多珂郡・佐都東郡・佐都西郡・久慈東郡・久慈西郡・那珂東郡・那珂西郡という七郡が奥七郡、略して奥郡と呼ばれるようになったのです。吉田郡が入っていないのは、恐らく政治的事情によります（『水戸市史　上巻』水戸市役所、一九六三年）。ただし厳密にいえば、佐都東郡・佐都西郡・久慈東郡・久慈西郡・那珂東郡・那珂西郡は正式の名称ではなく、俗称です。以下、当初の三つの郡から見ていきます（『新修日立市史　上巻』日立市、一九九二年）。

①多珂郡

「多珂郡」の名の由来　多珂郡は後には多賀郡と表記するようになった、現在の北茨城市・高萩市から日立市北部の地域です。この地域の町と村はすべて市になり、多賀郡を名のる町村はなくなっています。『常陸国風土記』「多珂の郡」の項に、古老の曰《い》へらく、斯我《しが》の高穴穂《たかあなほ》の宮に大八洲《おおやしま》知らしめしし天皇《すめらみこと》の世に、建御狭日《たけみさひ》の命《みこと》を多珂の国造《くにのみやつこ》に任《よさ》しき。茲《こ》の人、初めて至り、地体《くにかた》を歴験《めぐりみ》て、峰険《さか》しく岳崇《たか》きを以ちて、因りて多珂の国と名づけき。

〔成務天皇（斯我の高穴穂の宮に大八洲知らしめしし天皇）の時代、多珂の国造に任命された建御狭日命が初めて任地に来たとき、峰や丘が高いので「多珂の国」と名づけられました、と古老が言い伝えています。〕

とあります。多珂郡は、東北地方の阿武隈《あぶくま》高地南端部である多賀山地丘陵の東側斜面にあたります。東は太平洋です。また同書に、

古老の曰へらく、倭武《やまとたける》の天皇、東陲《ひむがしのくに》を巡り給はんとして頓《にはか》にこの野に宿り給ひしに、人あり、奏《まを》して曰ひしく、「野の上に群れたる鹿《か》、数なく甚《いと》多かり。その聳《そび》えたる角《つの》は、蘆枯《かれあし》の原の如く、その吹気《いぶき》を比《たと》ふれば、朝霧の立てるに似たり。又海に鰒魚《あはび》あり、大きさ八尺ばかり、并びに諸種《くさぐさ》の珍しき味《あぢはひ》、遊べる鯉□多し」と申しき。

〔日本武尊（倭武の天皇）が東国に来られたとき、多珂郡の人が、「ここには無数の大きな鹿や巨大な鮑、多数の鯉、その他多種類の珍しい食物があります」と告げましたと、古老が言い伝えています。〕

というのです。この地方の海山の産物の豊かさを物語っています。

②久慈郡

日本武尊の伝説　久慈郡は、現在の日立市・常陸太田市・常陸大宮市および那珂市の一部（旧瓜連町《うりづらまち》）あたりです（『瓜連町史』茨城県那珂郡瓜連町、一九八六年。『十王町史　通史編』日立市、二〇一一年）。その北の大子町は、十六世紀末の太閤検地までは依上保と称し、陸奥国の所属でした（『大子町史　資料編上巻』大子町、一九八四年）。『常陸国風土記』に、

古老の曰へらく、郡より南、近く小丘《をか》あり。体《かたち》鯨鯢《くぢら》に似たり。倭武の天皇、因りて久慈と名づけ給ひき。

〔古老が言うことには、郡の役所の近く、南方に小さい丘があり、かっこうが鯨に似ているということです。そこで日本武尊がこの地を久慈と名づけられました。〕

とあります。

静織の里　また同書に、

郡の西□里に静織《しとり》の里あり。上古之時《いにしへ》、いまだ綾《あや》を織る機を識らず。いまだ知る人あらざりき。時にこの村に初めて織りき。よりて名づく。

〔郡の西の□里に、静織の里という所があります。古い昔には、綾を織る機織り機がありませんでした。それで誰も織り方を知りませんでした。そのとき、この

村で初めて綾が織られたのです。それでこの村を静織の里と名付けました。」

とあります。

「静織」とは一般には「倭文《しどり》」と記し、模様のある布織りのことです。その技術を伝えていたというのです。「静織の里」は現在の那珂市静《しず》であるとされ、ここに存在する静神社は、名神大社でした。また平安時代後期からは鹿島神宮に次ぐ常陸二の宮でした。このあたりの発展ぶりがしのばれます。なお現在、静神社境内には「静織の里」の記念碑が建っています。

「佐都」の名の由来

また『常陸国風土記』には「佐都」の地名発祥伝説も伝えています。

此より北に薩都《さつ》の里あり。古《いにしへ》、国栖《くず》あり、名を土雲《つちぐも》といひき。爰《ここ》に兎上《うなかみ》の命、兵《いくさ》を発《おこ》して誅滅《ころ》しき。時に能く殺さしめて、福《さち》なるかもと言へりし所、よりて佐都《さつ》と名づく。

〔ここから北に薩都の里という所があります。昔、異民族が住んでいまして、その名を土雲と言いました。そこで兎上の命が兵士を集めて殺してしまいました。上手に殺したので命は「福だったようだ」と言い、そこで「佐都」とその地を名づけました。〕

しかし、「土雲をうまく殺せてよかったね」という話なので、現代では広めにくい伝説です。

③那珂郡

曝井の伝　古代の那珂郡は、現在の那珂市とひたちなか市、東海村、水戸市と、城里町の一部などが含まれます（『常北町史』城北町役場、一九八八年。『那珂町史』那珂町、一九九〇年）。『常陸国風土記』に、「曝井《さらしい》」という湧水の話が出ています。

郡より東北、粟河《あはかは》を挟みて駅家《うまや》を置けり。（本、粟河に近くして河内の駅家といひき。今本に随ひて名づく。）その南に当りて、泉、坂の中に出づ。水多く流尤《もと》も清し。曝井といふ。泉に縁《そ》ひて居る村落《むら》の婦女、夏の月に会集《つど》ひ、布を浣ひ曝し乾せり。

〔郡の役所から東北の方向の、粟河（那珂川）の向こう岸に「河内の駅家」という宿場を置いています（那珂川は東西に流れています）。その南（つまり、那珂川の南）の坂の途中には泉が湧き出ています。水量は多く、水はとても清らかです。これを曝井といいます。夏になると女性たちが集まってきて、布を洗ったり曝したりしています。〕

この曝井は『万葉集』にも歌われています。同書巻九に、高橋虫麻呂の「那珂郡曝井歌一首」として、

三栗《みつくり》の　那珂に向かへる　曝井の
絶えず通はむ　そこに妻もが
〔那珂に向いている曝井に、その水が絶えないように絶えず通いたいものです。
そこに妻がいたらいいのだがなあ〕

という内容の和歌が載っています。

「曝井」は、現在の水戸市愛宕町にある愛宕《あたご》神社の裏、滝坂の坂道を下る途中にあります。そこには今でも水が湧き出しており、「曝井」の碑が建っています。坂を下ると那珂川の氾濫原があり、那珂川を越えると、そこの地名は中河内町です。

2　中世の奥郡

①豪族佐竹氏の成立と発展

常陸大掾氏の成立と発展　かつて日本史で古代といえば奈良時代以前から平安時代の終わりまでで、中世は鎌倉時代から始まる、ということが常識でした。しかし現在では、日本の中世は平安時代中期（十世紀）から始まったという見方に変わっています。
平安時代中期から、常陸国では桓武天皇系の平氏の常陸《ひたち》大掾《だいじょう》氏が広く勢力を伸ばしました。その最初は平国香《たいらのくにか》で、父高望王《たかもちおう》は桓武天皇の曾孫でしたが、平という姓をもらって臣籍に下りました。国香は常陸大掾および鎮守府《ちんじゅふ》将軍として常陸国に赴任し、そのまま現地に土着しました。常陸国は親王任国なので、国司の実質的な長官は常陸介、次官は掾《じょう》です。

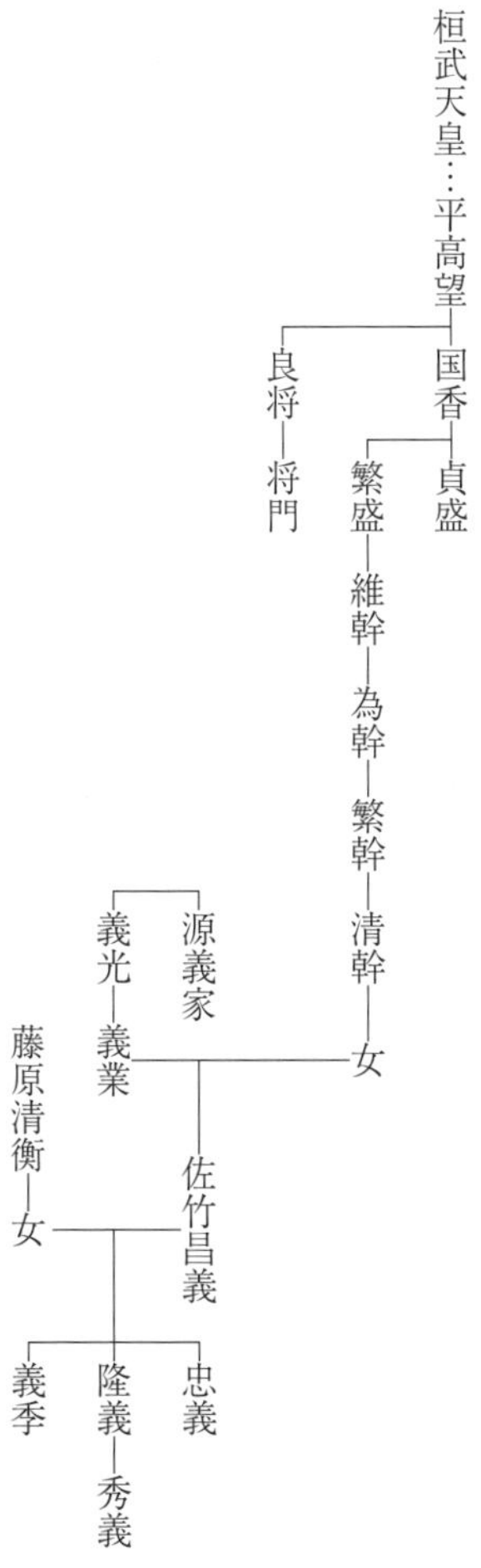

以後、息子の貞盛《さだもり》・繁盛《しげもり》も相次いで鎮守府将軍となりました。そして繁盛の子維幹《これもと》が常陸大掾に就任してから、その子孫がこの職を世襲しました。十世紀前半に朝廷を震撼させた平将門《たいらのまさかど》は、国香の弟良将《よしまさ》の子です。維幹の孫、繁幹《しげもと》の次男清幹《きよもと》は、那珂川下流域の吉田郡から常陸南部の鹿島郡・行方郡を支配していました。

佐竹氏の成立と奥郡

一方、前九年の役・後三年の役を経て東国武士の間に勢力を広げた人物に源義家がいました。その弟の義光《よしみつ》は、後三年の役で苦戦する義家を助けるために官職を捨てて奥州に下向しました。寛治《かんじ》元年（一〇八七）、義家・義光兄弟はようやく後三年の役を終わらせることができました。

以後、義光は常陸介や甲斐守などを歴任、特に常陸北部に勢力を蓄えました。そして吉田郡の平清幹と結びました。義光の息子義業《よしなり》は、清幹の娘を妻として迎えています。義業は、保延《ほうえん》年間（一一三五―一一四一）に久慈郡佐竹郷を領有しています。義業と清幹の娘との間に生まれた昌義《まさよし》（一〇九七―一一六四）は佐竹氏を称し、奥州藤原氏の藤原清衡の娘を妻として、勢力の拡大に努めました（『常陸太田市史　通史編上巻』常陸太田市役所、一九八四年）。

昌義から息子の忠義《ただよし》・隆義《たかよし》、隆義の息子の秀義《ひでよし》に至る間に、佐竹氏は常陸北部、つまり奥七郡《おくしちぐん》を支配下に治めるまでになりました。特に多珂郡・久慈東郡・久慈西郡・佐都東郡・佐都西郡の五郡には佐竹氏の支配が強く及んでいました。那珂川下流の吉田郡は鹿島郡・行方郡とともに平清幹流が強く支配していたため、奥七郡のなかに入らなかったと考えられます。つまり奥州藤原氏・越後城氏の場合と同じく、常陸の「奥郡」というのは単なる地名ではなく、政治力・軍事力を背景にして成立した勢力圏の呼称なのです。

②源頼朝の佐竹追討――「奥郡」の初見

「奥七郡」の初見

治承四年（一一八〇）十月、源頼朝は伊豆の蛭ヶ小島《ひるがこじま》で挙兵しました。これに参陣しなかった佐竹氏は、翌月、頼朝の追討を受けました。当主の佐竹隆義は平家に従って在京中だったため、二十九歳の秀義が久慈郡の金砂山《かなさざん》に籠もって対抗しました。『吾妻鏡』同月四日条に、

佐竹は権威境外に及び、郎従《らうじゆう》国中に満つ。（中略）冠者《かじや》秀義は（中略）、父四郎隆義は平家方にあり、かたがた思慮ありて、左右《さう》なく参上すべからずと称して、当国金砂城に引き込もる。

〔佐竹氏の勢力は大きく、奥郡の外にも及んでいて、家来たちは奥郡のなかに満ちています。まだ若い佐竹秀義は、父の四郎隆義が平家に味方して京都に滞在しているので、特別な理由がなければ源頼朝に味方できないと、常陸国の金砂城に立て籠もりました。〕

とあります。佐竹氏の隆盛を示す有名な文章です。

金砂城は「高山の頂」にあり、頼朝軍は麓の渓谷から攻め上がろうとしますが「両方の在所すでに天地のごとし。しかる間、城より飛び来る矢石、多くもつて御方（頼朝軍）の壮士に中《あた》る。御方より射るところの矢は、はなはだ山岳の上に覃《およ》びがたし」（『吾妻鏡』同日条）という状況でした。しかし秀義の叔父の義季が裏切ったため、金砂城は陥落し、秀義

は北方に逃げました。『吾妻鏡』同月八日条に、

秀義が領所、常陸国奥七郡ならびに太田・糟田《ぬかだ》・酒出《さかいで》等の所々を収公せられ、軍士の勲功の賞に宛て行はると云々。

〔秀義の領地である奥七郡と太田・糟（額）田・酒出等を没収し、頼朝の家来たちに褒美として分け与えられました。〕

とあります。

結果的には、多珂郡は宇佐美祐茂《うさみすけもち》に、久慈東郡・西郡は二階堂行村《にかいどうゆきむら》、佐都東郡は宇佐美政光《まさみつ》、佐都西郡は佐伯実盛《さえきさねもり》に、那珂東・西郡は大中臣実久《おおなかとみさねひさ》に与えられました。佐竹氏の本領「太田」は佐竹義季《よしすえ》に渡されたものと推定されています。「太田」は佐竹郷の隣りにありました。現在の常陸太田市にあります。「額田」「酒出」は那珂市内です。いずれも奥七郡に属していますが、特に重要な地域だったのでしょう。そしてこの記事が常陸国「奥七郡」の史料上の初見です。

「奥郡」の初見

「奥郡」の初見は、『吾妻鏡』寿永元年六月五日条に、

佐太毛《さたけ》四郎、常陸国奥郡花園山《はなぞのさん》に楯籠《たてこも》り、

〔佐竹四郎は常陸国奥郡の花園山に立て籠もり、〕

とある記事です。また同書元暦《げんりゃく》元年（一一八四）八月十三日条にも、

鹿島社に御寄進の地等の事、常陸国奥郡内、叛逆の輩ありて妨げを致すによつて、社役全《まつた》からずと云々。

〔頼朝が鹿島神宮に寄進された領地について、常陸奥郡にあるものは邪魔をする者がいて年貢等が集まらない、ということです。〕

という内容です。

いずれにしても、常陸国奥七郡と奥郡が史料上に出るのは、『吾妻鏡』が最初です。親鸞が関東に来る三十年あまり前にしかすぎません。

佐竹氏の復活　その後佐竹秀義は、文治《ぶんじ》五年（一一八九）、奥州藤原氏追討に参陣して許され、頼朝に帰服しました。そして佐竹氏は、承久の変で活躍するなどしてしだいに旧領を回復していきました。さらに鎌倉時代末期から南北朝時代を経て再び常陸北部に覇権を確立するに至っています。

③「弘安の大田文」に見る「奥郡」

税所文書　各国の役所（国衙）で税金の収納を取り扱う官職として税所《さいしょ》がありました。各国では代々その職を世襲する家が出ていました。常陸国でも百済《くだら》氏がその職を世襲し、やがては大掾氏とも姻戚関係を結び、税所を名字とし、中世において国府付近で有数の豪族としてその地位を保っていました。その税所氏が後世に伝えた文書群を税所文書《さいしょもんじょ》と呼んでいます（『茨城県史料　中世編Ⅱ』茨城県、一九七四年）。

弘安の大田文

税所文書のなかに、弘安《こうあん》二年（一二七九）に作成された作田惣勘文《さくでんそうかんもん》があります。弘安の大田文《おおたぶみ》あるいは常陸国大田文とも呼ばれています。これは何らかの理由でその国全体に税金をかけるため、公領（国家の土地）や荘園（私有地）の田の面積を書き上げたものです。

税所文書の最後の部分に、「奥郡」として七郡と、本来はそれらの郡に入っていたのだけれども何らかの理由で（荘園化するなど）そこから外れた地域が記してあります。左に掲げた史料で、一段下げて記してあるのが後者です。どの項目にも、それぞれの田数（田の面積）が記してあります。

なお、引用史料について多少の解説を加えておきます。丁＝町、一町＝十段、一段＝三百六十歩、一歩＝一坪（当時は六尺三寸四方。現在の表記に直せば、一坪＝約三・六平米）、二段半とある「半」＝一段の半分＝百八十歩、五段小《しょう》の「小」＝一段の三分の一＝百二十歩、三段大の「大《だい》」＝一段の三分の二＝二百四十歩です。

　奥郡
多珂郡　百五十三丁四段三百歩

久慈東　三百八十丁二段半
同西　　二百四十八丁八段百四十歩
那珂東　百四十五丁七段三百歩
安福（四十二丁一段半）、中村（七丁九段六十歩）、田谷東方（十五丁）、同田谷西方（十五丁）、青柳（十丁）、枝河（九丁六段）、津田（十二丁）、今泉（十一丁）
那珂西　百五十二丁五段小
佐都東　二百八十九丁八段三百歩
東岡田（十五丁）、西岡田（十丁）、根本（四丁）、大森（七丁）、泉（三十五丁）、今泉（十五丁）、千根（二丁）、波田（三十五丁）、小澤（五十五丁三段半）
佐都西　二百五十六丁三段小
小野崎（十八丁半）、中小野崎（四丁五段）、阿久津（八丁五段）、小野（二十三丁二段）、西河内（五丁二段三百歩）、吉津（三丁）、磯部（十六丁二段大）、石神（十一丁五段）、鎌田（三丁）、東河内（五丁一段小）、額田（八十一丁半）、大田白岩（八十丁三段小）、世谷（四十二丁二段六十歩）、大橋加津見澤（十丁）、国井保（二十六丁五段大）

いずれにしても鎌倉時代の中期になっても「奥郡」の地名表記が使われていたことがわかります。しかし茨城県側の史料で「奥郡」の表記が出てくるのは、管見の限りではこの

「弘安の大田文」のみなのです。一方、浄土真宗の世界では「奥郡」が後世に至るまで意識されていきました。これは興味深いことと思います。

奥郡は、常陸国の北部に存在しました。同国の残りの部分である西部や南部に比べて、自然災害の少ない地域でした。この地域は山岳が多く、山村が中心だったからでしょう。また奥州藤原氏の影響を受けた地域で、文化程度も高かったようです。そしてこの地域には清和源氏と桓武平氏両方の血を受け継いだ佐竹氏が興り、奥郡を支配下に置きました。前述しましたように、佐竹氏が支配した常陸国北部の七郡を総称して奥郡と呼んだようです。奥郡と呼ぶ地域が先にあってそれを佐竹氏が支配したのではなく、佐竹氏が支配した地域を奥郡と呼んだということです。

親鸞は奥郡にかなりの門弟を持っていました。日本には古代から「マレビト（マロウド。客人）」信仰があったといいます。村落の外からやってくる人は、何かすばらしい幸せをもたらしてくれる、だから客人として大切に歓迎しようという信仰です。次に見る奥郡に残る親鸞伝承は、まさにこのマレビト信仰そのものが多かったように見えます。

三、奥郡を舞台にした親鸞の伝承

1　枕石（『出家とその弟子』）

『出家とその弟子』　倉田《くらた》百三《ひゃくぞう》の戯曲『出家とその弟子』はあまりにも有名です。この作品は、親鸞門弟二十四輩第十五の道円《どうえん》と、道円を開基とする茨城県常陸太田市上河合《かみかわい》町《ちょう》の枕石寺を舞台とした伝承がもとになっています。この寺の、親鸞が雪の中で石を枕にして寝たという伝承です。

現在の枕石寺は上河合町にありますが、寺伝によりますと、もとあった大門《おおかど》という所から内田に移り、さらに現在の地に移転してきたそうです。

親鸞の門弟道円　道円の名は、『親鸞聖人門侶交名牒《しんらんしょうにんもんりょきょうみょうちょう》』（三河妙源寺本、常陸光明寺本など）には出てきません。他方、同じく親鸞の門弟たちを一覧にした『太祖聖人面授口決《たいそしょうにんめんじゅくけつ》交名記《きょうみょうき》』（茨城県那珂市額田南郷・阿弥陀寺蔵）には親鸞の高弟として十五番目に、

オヽカド　道円

と記されています。また高弟たちの門弟を挙げたところに、

道円房門侶

正円　随道

重尊　専道

と、四人の門弟が記されています。また、『二十四輩牒』にも、

道円御房跡　唯円　奥郡内田

とあります。これは「道円の道場を受け継いだ唯円。彼は奥郡内田に住んでいます」という意味です。

『出家とその弟子』には、序曲と全六幕があります。戯曲というのは劇の台本形式の文学作品です。その第一幕に親鸞とさる武士との話があります。実は枕石寺に伝わるのはこの部分だけです。

日野左衛門尉　江戸時代の『遺徳法輪集《いとくほうりんしゅう》』巻六によりますと、枕石寺を開いた道円は、近江国出身の日野左衛門尉という武士でした。ある夜、旅の僧が「泊めてください」と頼んできましたが、左衛門尉は「自分は隠れ住んでいるので旅の人は泊められません」と断りました。その僧すなわち親鸞はやむなく門の外に出て、石を枕に一夜を明かそうとしました。

するとその夜の左衛門尉の夢に、普段から信仰している観音菩薩が現われて「あの僧はただ人ではなく阿弥陀如来です。早く家の中に入れてあげなさい」と言われたので、驚い

て招き入れ、一晩中親鸞から教えてもらいました。そして親鸞の弟子になったといいます。

人間不信の頼秋

『遺徳法輪集』よりも少し後にまとめられたと考えられる枕石寺の伝承では、日野左衛門尉の実名《じつみよう》は頼秋《よりあき》となっています。彼は理由があって枕石《まくらいし》（地名）に流されていました。また人間不信でまがりくねった心情の持ち主、その日も借金の取り立てに行って返してもらえず、たまたま雪の夜だったのでやけ酒をあおりながら妻にあたっていました。そこへ親鸞と二人の弟子が一夜の宿を頼んできました。しかし左衛門尉は「だめだ。雪で寒いから外にいられないというのは真の僧侶ではないだろう」と追い出したといいます。やがてその夜の観音菩薩の夢告により、左衛門尉は後悔して外の雪の中で寝ていた親鸞を招き入れたとされています。

左衛門尉が、『遺徳法輪集』よりも枕石寺の寺伝の方が悪い人間になっているのが興味深いです。

『出家とその弟子』のテーマは「愛」

この伝承を倉田百三が戯曲『出家とその弟子』にまとめたのは大正六年（一九一七年）、二十六歳のときでした。百三は仲がよかった姉を病気で喪ったばかり、その空虚な心の中で、浄土真宗では有名な「石の枕」という説教話をもとにして第一幕を書きました。それを読んだ妹さんの勧めで第二幕以下を書いたと、当の妹さんが新潮文庫本の解説に書いています。

『出家とその弟子』は「愛」を中心のテーマにしており、仏教というよりキリスト教の色が濃いのです。多感な青年のロマンもちりばめられています。ただし、倉田の家は浄土真宗寺院の檀家総代で、百三自身も浄土真宗の教義は十分に知っていました。その上でこの戯曲を作りました。『出家とその弟子』第一幕は、悪い人間が観音菩薩の夢告によって親鸞に出会い、阿弥陀仏の教えに導かれるという筋になっています。

「枕石」の地名の由来　『遺徳法輪集』の末尾に「これによりてこの所の名を枕石といへり」とあります。枕石寺はもと「枕石」という変わった地名の所にありましたから、本項の話は地名起源伝承という性格もあったのではないでしょうか。

仮りに地名起源伝承としての性格があったにしても、親鸞はありがたい存在として歓迎されたということがわかります。

2　お田植えの歌

親鸞の門弟の大部平太郎　茨城県水戸市飯富町《いいとみちょう》の真仏寺《しんぶつじ》に「親鸞聖人お田植え歌」が伝承されています。親鸞が、歌を作って布教に役立てたという伝承です。

真仏寺を開いたのは親鸞の門弟の真仏という人物です。真仏は俗名を北条平太郎という豪族で、常陸国那珂西郡大部郷《おおぶのごう》に住んでいました。そこで大部平太郎とも称しました。大部郷は現在の真仏寺の付近です。

親鸞の訪れ　ある時親鸞は真仏の招きによって、大部郷に百日の間滞在したといいます。念仏布教のためです。それはちょうど五月の田植えの時期でした。親鸞が念仏の教えを説いても、農民たちは田んぼの仕事に忙しく耳を傾けてはくれませんでした。親鸞は、農民たちが田植えをするのを見ていました。農民たちは忙しく働いているので、確かに念仏を強制することはできません。でも親鸞は農民たちが現世で働くことだけにあくせくして念仏を称えられず、来世の極楽往生ができないのが哀れであると思いました。そこで決心して農民たちが働く田の中に飛び込んでいきました。そのときのことを真仏寺の寺伝には、

恐れ多くも聖人には、御衣のすそを引上げ給い、袖を結んでたすきとなされ、不浄の泥田に御這入りあらせられ、

〔畏れ多くも親鸞聖人におかれましては、御衣の裾を引き上げられ、袖を結んで襷とされ、汚い泥田にお入りになられ〕

とあります。

親鸞の田植え歌　そして親鸞は次のような歌を歌ったといいます。

五劫《ごこう》思惟《しゆい》の苗代《なわしろ》に
兆 載永劫《ちょうさいようごう》にしろをして
一念帰命《いちねんきみょう》の種をおろし
自力雑行の草をとり
念々相続の水を流し
往生の秋になりぬれば
このみとるこそうれしけれ
南無阿弥陀仏
南無阿弥陀仏

〔阿弥陀仏が五劫という長い間考え抜いて作ってくれた私たち人間を救う田に、阿弥陀仏を信ずるという種を蒔き、自力に走ってしまう雑草を抜き、絶えず念仏を称えることで苗を育て、時期が来れば稲が収穫できるように私たちも極楽往生できるのが嬉しいです。〕

この歌とともに仕事をすれば仕事もはかどり、自然に念仏も称えられることになる、と農民たちはとても喜んだといいます。この歌は「親鸞聖人お田植え歌」として今日まで伝えられています。水戸市飯富町の真仏寺から見下ろす田の中には、「お田植え歌の碑」が建てられています。

平太郎の熊野神社参詣　大部平太郎は『親鸞伝絵』に出てきます。それは平太郎が上司に命ぜられて紀伊半島の熊野神社に参詣したという伝承です。

平太郎は、念仏を称える身が身を浄めずに神社に参詣してよいのか、と親鸞に質問しました。すると親鸞は「熊野の神はもとは阿弥陀仏であるし、参詣の人々を救おうとしてくださるはずです。そのまま参詣してまったく問題はありません」という答えでした。

それならばと、平太郎は身を浄めることをせずに熊野神社に参詣しました。その夜の夢に熊野の神が現われ、次のように叱りました。

汝何ぞ我を忽緒《こつしょ》して汚穢《おえ》不浄《ふじょう》にして参詣するや。

〔お前はどうして私を無視して汚い身のままで参詣したのか。〕

するとそこに同席していた親鸞が、「平太郎は私の教えに従って念仏をしている者です」と言ってくれました。これを聞いた熊野の神は親鸞にお辞儀をし、もう何も言わなかったという伝承です。

この話は、そのころの仏教と神道との関係の一側面を示していて興味深いです。また浄土真宗の門徒が、神社に参詣することを禁止されていなかったことも示しています。

真仏寺に伝わるお田植えの歌の伝承は、これも親鸞は労働のなかに念仏を伝えてくれたありがたい人として受け入れられたことを示しています。何の危険な状況もない中で、親鸞は「マレビト」として歓迎されたのです。

3　見返りの桜

観音菩薩のお告げ　茨城県常陸大宮市鷲子《とりのこ》の照願寺《しょうがんじ》には「見返りの桜」の伝承があります。この寺は親鸞の門弟である念信《ねんしん》が開いたとされています（『美和村史』美和村、一九八六年）。念信は後に二十四輩第十七とされた人物で、俗名を高沢氏信《たかざわうじのぶ》という武士、高沢城の城主であったといいます。

氏信は守り本尊の観音菩薩のお告げと父の遺言により、稲田草庵に親鸞を訪ねてその門に入りました。建保《けんぽ》三年（一二一五）のことであったといいます。その後、氏信は近くの毘沙幢《びしゃどう》という所に草庵を結びました。照願寺です。親鸞は数度にわたってこの寺を訪れたそうです。

桜が一夜にして満開に　安貞《あんてい》二年（一二二八）、親鸞五十六歳のときの早春に珍しいできごとが起こりました。いつものように親鸞が訪れようという前日、照願寺の境内の桜はまだ花を開いていませんでした。しかし訪れる親鸞を歓迎するかのように、桜は一夜にして満開となりました。その中を親鸞が訪れたのです。これを見た人々は、この珍しいできごとにとても感激しました。

親鸞は、「これは念仏が盛んになることを示す奇瑞でしょう」と喜びました。彼は照願寺から帰るときに、爛漫と咲き誇る桜の花を振り返りふりかえり、「見返り」ながら念仏を称え続けて去ったといいます。それ以来、この桜は「見返りの桜」と呼ばれるようになったそうです。

照願寺の寺地は、その後二回ほど移り、延徳《えんとく》二年（一四九〇）には現在地に落ち着きました。江戸時代の水戸黄門（徳川光圀）は感動し、毘沙幢の「見返りの桜」を照願寺の新しい寺地に移させたと伝えられています。毘沙幢も鷲子も水戸徳川家の領地内にありました。

毘沙幢の念信

常陸大宮市は、かつての常陸国奥郡の中にあります。照願寺を開いた念信はしきりに奥郡で活躍していました。『二十四輩牒』（大洗願入寺蔵）には、

念信御房　常陸毘沙幢、

〔念信御房。常陸国毘沙幢に住んでいます、〕

とあり、『親鸞聖人門侶交名牒』には、

念信　常陸奥郡住《じゅう》、

〔念信。常陸国奥郡に住む武士です、〕

とあります。当時の「住」には、単に「住んでいる」ということだけではなく、「武士身分の者」という意味が含まれていました。また『太祖聖人面授口決交名記』には、親鸞の高弟として二十四人が記されている中に、

ビシャダフ　念信

〔毘沙幢の念信〕

とあり、その上で「念信房門侶（念信房の門弟）」として十三人もの門弟の名が記されています。

見返りの桜の伝承も、心がないように見える植物も親鸞を歓迎したという、平和な話です。親鸞はひたすら歓迎されているのです。

次の、有髪の親鸞坐像は、少し傾向の異なる話となります。

4　有髪の親鸞坐像

髪の毛を毛筋彫りに

茨城県常陸大宮市鷲子にある善徳寺《ぜんとくじ》は、二十四輩第十二の寺で

す。念信の照願寺の近くです。この寺を開いたのは親鸞の門弟善念《ぜんねん》と伝えられています。善念は平安時代末期から戦国時代の終わりまで、常陸国北部に大勢力を有した佐竹氏の一人です。佐竹氏初代昌義の孫である佐竹秀義の息子義茂であったとされます。

現在の善徳寺は、常陸大宮市にありますが、もともとは茨城県那珂市南酒出《みなみさかいで》に開かれたといいます。建保《けんぽう》元年（一二一三）のことだと伝えられています。この寺は第三代の善《ぜん》明《みょう》の代の正和《しょうわ》三年（一三一四）に現在の地に移されたといいます。

この善徳寺には親鸞坐像があります。高さ四十七・五センチメートルの寄木造《よせぎづく》りの坐像です。首に帽子《もうす》（えり巻き）を巻き法衣を身につけ、その上から袈裟をかけています。この像は、髪の毛を毛筋彫《けすじぼ》りにして表現してあるところに大きな特色があります。現代風にいえば、編み込みにも似た形の髪の毛が額から後ろの方へ、首筋まで伸びています（高村恵美「善徳寺の有髪の親鸞座像」『親鸞の水脈』第十二号、二〇一二年）。

非僧非俗の決心

親鸞は、三十五歳のときに後鳥羽上皇によって越後国に流されました。その時僧侶から俗人にさせられ、藤井善信という名前をつけられました。憤慨した親鸞は「これからは僧侶でもない俗人でもない姿で活動しよう」と決心しました。そのことを『教行信証』に、

しかれば已に僧に非ず、俗に非ず。是故に禿《とく》の字を以て姓と為す。

〔そうであるので、私はもう僧侶でもなければ俗人でもありません。このような理由で、禿という字を姓とします。〕

と述べています。

禿というのは頭に髪の毛がない状態ではなく、髪を結っていないおかっぱという意味です。つまり親鸞は越後に流されたときから頭は剃らずに、おかっぱの状態で過ごしたと考えられます。髪の毛を結うと俗人の姿になります。「僧に非ず、俗に非ず」ですから、髪の毛を剃ってもいないし、結ってもいない状態です。これが禿です。

しかしそのような姿の親鸞を描いた画像や木像はあまりありません。画像は管見の限りでは、長野県松代市・本誓寺の「禿《かむろのご》御影《えい》」と茨城県日立市・専照寺の「有髪《うはつ》の御影」のみです。

現存唯一の非僧非俗坐像

これに対して、木像は今まで見たことがありませんでした。平成二十四年（二〇一二）初めて世の中に出てきたのがこの善徳寺の親鸞坐像です。この像の髪は毛筋彫りで、肩までの長髪を両方の耳にかけて後ろに流す姿です。太い編み込みのような、盛り上がった毛髪です。また眉は吊り上がっているし、まなざしは厳しいし、一般的に親鸞の顔とされている特徴も持っています。

この善徳寺は、戦国時代の延徳元年（一四八九）に火災に遭って本堂は焼失したそうです。その後寛永《かんえい》七年（一六三〇）に再建されて、現在に至っています。善徳寺の親鸞坐像は、この本堂再建の時に制作されたと推定されます。越後での親鸞、関東地方での親鸞は、おもにこのような禿姿で活躍したと考えられます。その記憶が江戸時代の初めになってもなお強い伝承として残っていたものでしょう。善徳寺には、この禿姿の親鸞坐像について、何らの書き物等は伝えられていません。

等身大より少し小さい像ながら、実際にこの禿姿の親鸞坐像を見ると、その自己主張の強さに圧倒される思いがします。編み込みのような、束になった毛の束の太さ。常陸国の最北端で、その北は奥州、西はすぐ下野国という山村に、このような像が伝えられてきたことに驚かざるを得ません。

恐らく、現代人が持つ山村という言葉の印象が、昔の山村を正確には表現していないということでしょう。昔は山村こそ、日本の典型的な風景だったのです。昭和三十年代後半、昭和三十九年の東京オリンピック開催を目前にした日本改造計画の前で、山村より農村の方が住みやすいということになりました。そのために、山村は遅れた地域というレッテルが張られてしまいました。でも、昔は山村こそ住みやすかった、そこに禿姿の親鸞坐像が、関東で示した親鸞の非僧非俗の姿として正統意識を持って伝えられてきたように思います。

5　奥郡の親鸞伝承の特色

奥郡の地理的な特色は、まず国府から遠いということです。第二に比較的山が多く、各所に山村が見られることです。「枕石」の伝承は、まさに国府から遠いということで成立した伝承でしょう。国府の中、あるいは近くでしたら、隠遁生活を送る者の話などはちょっと考えられません。またお田植え歌の伝承にしても、見返りの桜の伝承にしても、自然の災害をもとにして成立した話には見えません。平和な社会の反映のように見えます。山村をもとにした社会は安全で平和であったとされていたことを背景にして成立した伝承と考えられます。親鸞はマレビトとしてひたすら歓迎されたのです。親鸞に何かをしてほしい、助けてほしいという希望を出すのではなく、ひたすら歓迎するというのが奥郡の親鸞伝承の大きな特色でした。

では次に笠間郡について、奥郡の場合と同様の手順で検討していきたいと思います。

第四章　笠間郡の歴史と親鸞の伝承

一、親鸞の手紙に見る笠間郡の話題

1　念仏者の疑問への返答（第六通）

笠間の念仏者　親鸞の手紙の第六通に次の文があります。

かさまの念仏者のうたがひとわれたる事

それ、浄土真宗のこゝろは、往生の根機に他力あり、自力あり。このことすでに天竺《てんじく》の論家、浄土の祖師のおほせられたることなり。（中略）これ、さらに性信坊・親鸞がはからひ申にはあらず候。ゆめゆめ。

建長七歳　乙卯十月三日

愚禿親鸞八十三歳書之

この手紙は、常陸国笠間の念仏者が性信の説く教えの内容に不審を抱き、親鸞に質問したことに対する返事です。「かさまの念仏者のうたがひとわれたる事」の次に「についての返事」という意味の文が省略されています。右の中略部分には、第一に浄土教の信者には他力の人と自力の人がいることを、天竺（インド）の菩薩たちや中国の浄土教の祖師たちは説いているとしています。

信心　第二に、阿弥陀仏の本願他力の趣旨を明らかにし、これに対する信心を得た人を讃歎しています。それは恵心僧都源信《えしんそうずげんしん》の『往生要集《おうじょうようしゅう》』にも、

真実の信心をえたる人は、摂取のひかりにおさめとられまいらせたりと、たしかにあらわせり。

とある、といいます。親鸞自身も、

しかれば、この信心の人を、釈迦如来は、わがしたしきともなりとよろこびまします。この信心の人を、真の仏弟子といへり。この人を正念に住する人とす。この人は、摂取してすてたまはざれば、金剛心をえたる人と申なり。この人を上上人とも、好人とも、妙好人とも、最勝人とも、希有人《けうにん》ともまふすなり。この人は正定聚《しょうじょうじゅ》のくらゐにさだまれるなり、としるべし。しかれば弥勒仏とひとしき人とのたまへり。

と、信心の人を位置づけていました。そして仏恩に深く感謝すべきことを説いています。

また法然からの教えとして、

念仏する人をにくみ、そしる人おも、にくみそしることあるべからず。あわれみをなし、かなしむこゝろをもつべしとこそ、聖人はおほせごとありしか。

〔念仏者を憎み、そしる人に対しても、憎みそしらず、逆に憐れみいとおしむ心を持ちなさい。〕

と述べています。

性信の登場　最後に「これ、さらに性信坊・親鸞がはからひ申にはあらず候（以上のことは、決して性信や親鸞が勝手に作り上げた内容ではありません。経典や注釈書が正しく伝えていることに従って述べたのです）」と結んでいます。

当時親鸞は京都に住んでいました。笠間の門徒といきさつがあったのは性信に違いありません。性信は親鸞の信頼があつく、横曾根門徒の最初の指導者で、後世には二十四輩の第一とされた人物です。ただし、笠間に住む門徒たちは笠間に来て説いた性信の教えが納得いかずに、問題にしたのです。前掲の親鸞の手紙は、このことで親鸞は性信を助けた、ということを示しています。

親鸞の現存の手紙には、笠間郡は一通にしか登場しません。でも『親鸞伝絵』に、聖人越後国より常陸国にこへて、笠間郡稲田郷といふところに隠居したまふ。

とあるように、親鸞の関東生活では非常に重要な所でした。周囲を山に囲まれた盆地で、温暖かつ生産物も豊かな地域でした。そこが親鸞の主な活躍の舞台だったのです。では笠間郡の具体的な歴史はどうだったのかを見ていきたいと思います。

二、笠間郡の歴史と環境

1　古代の笠間——新治東郡から笠間保へ

新治郡と笠間　笠間地方は古代には新治郡の一部でした。奈良時代に成立した『常陸国風土記』に、

郡より東五十里に笠間の村あり。越へ通ふ道路を葦穂山《あしほさん》と称《い》ふ。

〔新治郡の役所から東五十里の所に笠間の村があります。そこへ行く道を葦穂山といいます。〕

とあるのが「笠間」の初見です（『笠間市史』笠間市、一九九三年）。

文中、「郡」は新治郡の郡衙《ぐんが》（郡家《ぐんけ》。郡の役所）のことです。「村」は自然村落を意味して

います。笠間は新治郡の東の端にある盆地で、笠間盆地とも呼ばれ、自然環境に恵まれた地形となっているので、早くから集落が発達していたようです。

また新治郡は、現在の茨城県中西部一帯で、栃木県に県境を接する地域です。この郡は、平安時代後期に小栗御厨《おぐりのみくりや》（旧・協和町にあたります。協和町は平成十七年三月に下館市、関城町、明野町と合併して筑西市となりました）、新治東郡（旧・笠間市にあたります。笠間市は平成十八年三月に友部町、岩間町と合併して新・笠間市となりました）、新治中郡（旧・岩瀬町。岩瀬町は平成十七年十月に大和村、真壁町と合併して桜川市となりました）、および新治西郡（旧・下館市、旧関城町）に分かれました。新治東郡以下は、略してそれぞれ東郡、中郡、西郡と呼ぶこともありました。

笠間保の成立

東郡のなかには、やがて笠間保《かさまのほ》が設定されました。「保」というのは、朝廷の特定の役所や寺院、神社などの費用にあてるため、自立した単位として設定される田地です。これを「便補の保（京保）」といいました。「保」には、もうひとつ、国保があります。これは現地の寺院、神社などを支えることを目的として設定された田地です。弘《こう》安《あん》二年（一二七九）に作成された常陸国作田総勘文案《あん》（通称して「弘安の大田文」）に出る「（新治）東郡」の項の「大蔵省保」がこれです。

笠間保の史料上の初見は、承久《じょうきゅう》二年（一二二〇）五月二十五日の笠間保司右衛門少尉光

重書状に、

常陸国笠間保三代相伝知行　已六十余年

〔常陸国笠間保は、私に至る三代の間支配を続けてきまして、もう六十年余り過ぎました〕

とあるものです。この史料によれば、笠間保は十二世紀のなかばには成立していたと推測されます。新治東郡全部が笠間保であったわけではありません。十ほどの郷のうち、半分程度です。

ただこの時代の笠間について参考にすべき『笠間市史　上巻』と『茨城県史　中世編』に混乱が見えるのは残念です。前者百二十二頁に、『弘安大田文』の東郡内（笠間郡）に「大蔵省幣料《へいりよう》　笠間保」と記されている、と書いてあります。しかし実際に『弘安大田文』にあたってみると、そのようなことは書いてありません。「大蔵省保」とあるのみです。また後者三十八頁と六十頁の記述では、大蔵省保の成立の時期と構成、および宇都宮氏の侵入の時期があいまいです。

2　中世の笠間——笠間郡の成立

①「笠間郡」の初見史料――『親鸞伝絵』は二番目に

『親鸞伝絵』　永仁《えいにん》三年（一二九五）に成立した『親鸞伝絵』下巻第一段には、次のような文があります。

　聖人越後国より常陸国に越て、笠間郡稲田郷と云所《いふところ》に隠居し給。幽棲《いうせい》を占《しむ》といへども道俗跡《あと》をたずね、蓬戸《ほうこ》を閇《とづ》といゑども貴賤衢《ちまた》に溢《あふ》る。

「親鸞が稲田に住んで人々を教化した」という、有名な場面です。しかしながら、真宗門徒のなかでは「笠間郡稲田郷」として知られている「笠間郡」は、実は新しい地名でした。それは私称であり、厳密に言えば親鸞が越後から関東へ来た建保《けんぽう》二年（一二一四）に、「笠間郡」という呼称が成立していたかどうか不明なのです。仮りに成立していたとしても、まだ十年も経っていませんでした。

大日如来坐像胎内経の銘文　「笠間郡」の初見は、長い間、この『親鸞伝絵』であるといわれてきました。しかし昭和五十九年（一九八四）に発見された史料によって、初見は弘長《こうちょう》三年（一二六三）十月二十日までさかのぼることになりました。それは、次に述べる宇都宮頼綱の甥笠間時朝が造立し、山形県寒河江市の慈恩寺《じおんじ》に伝来してきた大日如来坐像の胎内経《たいないきょう》の銘文です。その経典の名称は「大毘盧遮那成仏神変加持経　巻一」です。銘文は、

弘長三年大辰癸亥十月廿日　常陸国笠間郡小山寺《しょうさんじ》檀那前長門守藤原朝臣時朝　執筆

僧定玄《じょうげん》

とあるものです。この大日如来坐像は、像高七十三センチメートル、檜材の割《わり》はぎ造り（像材をいったん前後に割り、像内を刳り抜き、再び貼り合わせる造り方。ひび割れを防ぐ方法）です。

②宇都宮頼綱（法然の門弟、親鸞の保護者）の笠間侵攻

宇都宮頼綱、笠間へ攻め込む

元久《げんきゅう》二年（一二〇五）三月、下野国の大豪族宇都宮頼綱は大軍を率いて国境の山を越え、新治東郡笠間保に攻め込んできました。そのころ、笠間の佐白山には正福寺《しょうふくじ》という大寺院がありました。正福寺は大勢の僧兵を擁して威勢を振るっていました。当時、この寺は十キロメートルほど北にある徳蔵寺《とくぞうじ》と争っていました。徳蔵寺もまた、大きな勢力を持っていました。

宇都宮氏は長年にわたって常陸進出を狙っていました。頼綱の祖父朝綱《ともつな》は、隠居してから十年、常陸との国境に近い所に住んで様子をうかがっていました。おりよく正福寺が援助を要請してきた機会をとらえ、常陸に出兵し、徳蔵寺勢力を打ち滅ぼしました。頼綱は、ときに二十七歳の若さでした。彼は建久《けんきゅう》三年（一一九二）に早世した父成綱《なりつな》のあとを継いでいますから、若いとはいってもすでに十三年間にわたって宇都宮氏の当主でした。関係

系図を左に示します。

宇都宮朝綱─成（業）綱─┬─頼綱─泰綱（母は北条時政の娘）
　　　　　　　　　　　└─朝業─時朝（笠間）

鎌倉幕府の内紛

ところが頼綱は鎌倉幕府内の内紛に巻き込まれ、常陸侵略は中断せざるを得なくなりました。それは同年六月、執権北条時政が武蔵国の総検校《そうけんぎょう》（武蔵国の武士に対する指揮権を持つ）である畠山重忠《はたけやましげただ》謀反との讒言《ざんげん》を受けて、重忠一族を謀殺したことです。七月には時政の後妻牧《まき》の方《かた》が陰謀を謀ったとの噂が飛び、京都守護で武蔵守の平賀朝《とも》雅《まさ》が時政の息子義時の軍勢に攻め殺されました。朝雅は源頼朝の遠縁の源氏で、時政と牧の方の娘婿でした。畠山重忠は時政とその前妻との間の娘と結婚していました。

北条時政は、前の年に将軍になったばかりの源実朝を廃し、朝雅を将軍に立てようとしたのです。これに対抗した義時と姉の政子は、時政と牧の方を伊豆に幽閉して主導権を握りました。閏七月二十日のことでした。鎌倉幕府の内紛であり、実態は北条氏の内紛でした。

宇都宮一族滅亡の危機

翌々月の八月七日、宇都宮頼綱の謀反が発覚しました。頼綱が時政に味方していたことが明らかとなった、とされたのです。頼綱が実際に時政に味方していたかどうかはあまり問題ではありません。もともとは伊豆半島に住んで取るに足らない勢力しか持っていなかった北条時政とその子孫が、強大な豪族と婚姻関係を結んでその援助を受けつつ、やがてはその豪族を倒していくという鎌倉時代を通じての方針が、はしなくも宇都宮氏にも冷酷に示されたといえるのです。たまたま、頼綱は一族をあげて笠間に進軍していたので、それも謀反の現われとされたようです。いずれにしても、宇都宮氏は一族滅亡の危機に陥りました。

頼綱は幕府への陳謝状を持ち、出家して武士の亀鑑といわれた熊谷直実の法名「蓮生《れんせい》」を「蓮生《れんしょう》」と読み替えて自分の法名とし、同時に出家した家子郎党六十余人を引き連れて鎌倉の義時邸に参上しました。しかし義時は面会を拒否、そこで頼綱たちは髻《もとどり》を献じて引き揚げました。

新治東郡を制圧　時政と牧の方の処分は済んでいるし、将軍候補に擬せられた平賀朝雅はすでにいません。そこで義時も頼綱の誠意を認める形で問題を決着させることにしました。頼綱は再び笠間での活動を開始し、今度は掌を返して佐白山に拠る正福寺の僧坊を破却して笠間を完全に占領しました。

以後、宇都宮氏が支配下に置いたのは笠間保だけではなく、新治東郡一帯であったようです。やがて新治東郡を笠間郡と呼ぶ風潮が生まれました。前掲の『親鸞伝絵』下巻第一段は、その二番目の古さの史料ということになります。

③笠間時朝と弥勒菩薩像の造立——親鸞の弥勒等同思想に関係か

笠間時朝同身の弥勒仏

笠間郡はやがて頼綱の甥の時朝に譲られました。譲られたといっても、当時の慣行では笠間郡の最上級の領主は頼綱です。頼綱の意向によって笠間郡の統治が進んだのです。時朝は笠間を名字《みょうじ》として統治に励みました（笠間史談会編『笠間時朝——その生涯と業績——上』筑波書林、一九八〇年。同下、一九八一年）。

また時朝は信仰面の活動も積極的でした。多くの仏像を造立したことでも知られています。そのなかに、宝治《ほうじ》元年（一二四七）に造られた像高百七十五センチメートルの弥勒仏《みろくぶつ》があります（後藤道雄『茨城彫刻史研究』中央公論美術出版、二〇〇二年）。胎内銘に、

右、志す所は、信心大施《だいせ》主《しゅ》藤原時朝、幷《ならび》に御所生の愛子等、現世は安穏《あんのん》に、後生には善所を願うなり

〔私が弥勒仏造立の目的としておりますのは、費用を負担します私藤原（笠間）時朝と、私の子どもたちがこの世では平和に、次の世では浄土に往生できるようにということです〕

とあり、また足枘《あしほぞ》に、

時朝と同身《どうしん》の弥勒

〔時朝と同じ背の高さの弥勒仏〕

などとあります。

弥勒仏に関する和歌　そして和歌集『新和歌集』に、都から下ってきた浄意《じょうい》という僧侶と時朝とが交わした和歌が載せられています。

藤原時朝あまたつくりたてまつりたる等身の泥仏《どろぼとけ》ををがみ奉りて

浄意法師

君が身にひとしと聞きし仏にぞ
心のたけもあらはれにける

返事　藤原時朝

心よりこころをつくるほとけにも
我が身のたけを知られぬるかな

〔藤原（笠間）時朝がたくさん造立した時朝と同じ背の高さの漆箔像《しっぱくぞう》を拝んで、

浄意法師

あなた（時朝）の背と同じ高さと聞いています仏像に、あなたの心の深さが現われていますね。

藤原時朝からの返歌

私の心をもって造立した心の深い仏で、私の背の高さが知られてしまいますね」

時朝は自分の背丈と同じ高さの弥勒仏像を造ったのです。そのことについての和歌のやりとりです。このように東国では自分と等身、あるいは師匠と等身の仏像を造ることはかなり行なわれていました。それに常陸国では弥勒信仰が盛んであったこともうかがわれます。この弥勒仏の造立は、時朝が造立した諸仏像群のなかでもっとも早いものと推定されていますから、彼自身が弥勒信仰を強く持っていたものと推定できます。

なお、前掲浄意法師の和歌の詞書にある「泥仏」とは、泥の仏像という意味ではなくて、漆箔像のことをそのように呼んだのです。

「弥勒仏とひとしき人」

また前掲親鸞の手紙は建長《けんちょう》七年（一二五五）に送られたものであり、時朝の弥勒仏造立から八年後です。手紙に示されている「しかれば弥勒仏とひとしき人とのたまへり」とある「弥勒仏」は、常陸での弥勒信仰の展開を念頭に置いて記されたと考えることができるでしょう。

また時朝は他に五種類の仏像を建立しました。あわせて笠間六体仏と呼ばれています。このうち、現存するのは弥勒菩薩立像を含めて三体です。いずれも等身大以上の大きな仏像で、笠間市内に保存されています。親鸞が常陸国で接した信仰の一端は、この六体仏を検討することで明らかになるのではないでしょうか。

④文学に示された笠間

鎌倉歌壇と宇都宮歌壇　鎌倉時代には、和歌のグループとして三つの集団が有名でした。そのグループを歌壇といいます。三つというのは、第一に京都歌壇です。これは京都の貴族たちの和歌集団です。やがて藤原定家の家である御子左《みこひだり》家が中心になっていきます。第二は鎌倉歌壇です。これは幕府所在地に集まる武士・僧侶そして京都から招かれた貴族たちです。第三は宇都宮歌壇です。これは宇都宮頼綱と弟の塩谷《しおのや》朝業、それから笠間時朝が中心です。宇都宮氏と親交のある貴族や僧侶も入っています。宇都宮歌壇は、宇都宮氏の本国である下野国宇都宮に集う人たちのグループと見られていたこともありますが、そうではなくて、京都中心の歌壇でした。

笠間時朝の活躍　鎌倉歌壇と宇都宮歌壇と、いずれにおいても笠間時朝は活躍しています。時朝の和歌は、前掲の『新和歌集』に五十一首も載っています。『新和歌集』は宇都宮氏とその親しい友人たちの和歌を集めたものです。

稲田神社での十首歌講　時朝は弘長《こうちょう》二年（一二六二）ころ、友人の貴族や僧侶九人を招き、稲田神社で十首歌講を行なっています。うち三人は複数の和歌を詠んでいますので、全部では十六首でした。このとき、大田光俊という武士が、稲田神社について次のような和歌を詠みました。

千早振《ちはやぶ》る　このやへ垣も　春たちぬ
ひの川上は　氷とくらし
〔ずっと昔に建てられたこの稲田神社にも、春がきました。水を引いている樋のもとの辺りの氷も解けるでしょう〕

笠間郡は農産物が豊かな所であり、有力な稲田神社や大きな寺院を有した、文化的にも程度の高いところでした。そのために周囲の豪族たちに狙われ、親鸞が来たころには下野国から進出した宇都宮頼綱一族の手に落ちていました。しかしそのおかげで親鸞一家は安定した生活ができたのです。また頼綱一族は京都の貴族たちと関係が深かったので、親鸞も京都からの情報に接する機会は多かったはずです。さらに前述したように、頼綱一族は鎌倉幕府の中での有力者でもありました。親鸞が常陸国での主な居住地に頼綱一族支配下の笠間郡を選んだのは、政治的な社会情勢を睨んだ上で布教活動を行ない得る、非常によい所だったのではないでしょうか。

さて、ではその笠間郡の中でどのような親鸞伝承が生まれ、育っていったでしょうか。

三、笠間郡を舞台にした親鸞の伝承

1　御杖杉

親鸞の杖　茨城県笠間市稲田の西念寺には親鸞に関する伝承がいくつも残っています。その一つに「御杖杉《おつえすぎ》」の伝承があります。親鸞は、稲田へ入ったとき、かつて二十九歳のときに京都の六角堂で観音菩薩からもらった夢告を思い出したそうです。その夢告は将来「険しい山々に囲まれたところで親鸞は布教するだろう」という内容が含まれていたといいます。まさにこの稲田の場所、現在の西念寺のあたりこそ六角堂での夢告の場所だと親鸞は感じたのです。六角堂の夢告には、もう一つこのような場所こそ「数千億の人々が集まる場所である」という内容が含まれていました。ここだ、と思った親鸞は手に持っていた杉の杖を地面に挿したところ、その杖はやがて成長して巨木になったと伝えられています。この杉は「御杖杉」と呼ばれるようになったそうです。

御杖杉の話は、西念寺が親鸞の最終的な布教地であると強調したかったことから生まれた話でしょう。そして西念寺には「真宗開闢の霊地」という伝えもあります。この西念寺の場所が、浄土真宗を開いた所だという意味です。親鸞五十二歳のときの著書である『教行信証』は浄土真宗立教開宗の書である、それはこの西念寺で書かれたのだという主張です。現在、西念寺の本堂には「真宗開闢の霊地」と記された額がかかっています。

水戸黄門の和歌

御杖杉の話は、江戸時代にはとても有名な話になっていました。水戸黄門（徳川光圀）も西念寺に参詣して次の和歌を詠んでいます。

老の身の　これぞ力の　しるしぞと
　つきとめにけり　庭の杖杉
〔年を取った私の生きる力のしるしになると、この西念寺境内の御杖杉を見て思
　いました〕

徳川光圀はこのように御杖杉を顕彰しています。

水戸藩では、二回にわたる大規模な寺院整理を敢行しました。その第一回はこの光圀の下でなされました。しかし一方、光圀は由緒のある、歴史の深い寺院は重視しました。西念寺もその一つでした。御杖杉を褒めた和歌は、その気持の表われでしょう。

しかし残念ながら親鸞が挿したとされるこの御杖杉は、明治初年の火災によって焼けてしまいました。現在では、その根本あたりの焼け残りの部分のみが保存されているだけです。

2　神原の井

稲田草庵に現れた白髪の老人――鹿島明神――

建保《けんぽう》三年（一二一五）、親鸞が四十三歳のとき、いつものように稲田草庵で教えを説いていました。するとその年の三月ごろから、白髪の気高い老人が毎日話を聞きに来る群衆の中に混じっていました。三か月ぐらいたって親鸞の話が終わってみんなが帰った後、この老人が一人残って親鸞と対面をしました。そこで老人が言うことには「私を門弟の一人に加えてください」ということでした。親鸞は「私の教えは師匠とか弟子とかそのような区別はしておりません」と言ったのですが、老人は「よくわかっておりますが、それではまことにもったいない。私はあなたさまよりずっと年上ですが、仏法の上での弟にしてください。これならいいでしょうか」と言ったと伝えられています。

神原の井寄進

親鸞が承知をすると、「もう一つお願いがあります」と言ったそうです。「この草庵のお庭に神原《かんばら》の井《いど》という井戸を寄進したいと思います」このように言うと老人は庭におり立ちました。そして手に持った杖で二、三度地面を叩くと、清水が流れ出したそうです。老人は親鸞に「毎年六月十四日には、この神原の井の水が枯れますが、決して怪しいことではありません。そのようにお考えください」と言い残し、そのまま姿を消してしまいました。この老人は鹿島明神だったといいます。

老人が稲田の草庵から消えた夜のこと、鹿島神宮の神官の夢に鹿島明神が現われました。そして神原の井を稲田の草庵に寄進した、といわれています。

西念寺に寄進された鹿島・神原の井　鹿島神宮には七つの井戸があったと伝承されています。それは次のような七つの井戸です。

第一、カミシキ井。神社の東、八将神の方にある。

第二、スンフ井。神社の北にある。

第三、カノ井。社の南にある。

第四、シモノフ井。社の西にある。

第五、オカノ井。社の東方にある。

第六、染井。社の北方にある。

第七、神原の井。社の南東の方にある。

神官が調べてみると、確かに鹿島神宮の南東の方にあったはずの神原の井が無くなっていました。

西念寺の神原の井は本堂の前の庭にあり、六月十四日の夜には必ずその井戸の水が少なくなる、と伝えられていました。ただ、なぜ十四日であるか、という理由は伝えられていません。

堯胤法親王の和歌

この神原の井は、戦国時代には有名になっていたようです。和歌集『拾遺蓮玉集《しゅういれんぎょくしゅう》』の中に二品《にほん》堯胤《ぎょういん》法親王の和歌として、

神原の　たへぬ契りや　法《のり》の井の
長く稲田に　そそぐためしは

〔稲田の草庵に湧き出している神原の井の水が絶えないように、阿弥陀仏の救いも永久に続きます〕

とあったといいます。堯胤法親王は、蓮如と同時代の人です。江戸時代の一如も次のように詠んでいます。

年ごとに　水のみちひや　六月の
しるしなるらん　神原の井ど

〔毎年一回水が減る神原の井は六月を示しているようです〕

一如は元禄《げんろく》十三年（一七〇〇）に亡くなった東本願寺第十六世です。

鹿島神宮は、関東地方を中心にして大きな勢力を持っていた神社です。神原の井の伝えは、親鸞の念仏布教を鹿島神を崇拝する人たちが認めてくれたということを示しています。この神原の井の話だけではなく、北関東の浄土真宗の重要な寺々では、各所で鹿島神宮の

影響が見られます。以下、それらのことについて見ていきたいと思います。

3　各地の鹿島信仰

光照寺＝お草鞋ぬぎの聖地

茨城県笠間市笠間にある光照寺《こうしょうじ》は、「関東お草鞋《わらじ》ぬぎの聖地」または「笠間草庵」と言われています。親鸞の門弟の教名《きょうみょう》が開いたとされています。光照寺の伝承では、ここが関東でもっとも古い親鸞の草庵で、浄土真宗の立教開宗の地であるとしています。光照寺は笠間城があった佐白山《さしろさん》の東の麓にあります。笠間城は笠間時朝が築きました。笠間氏は時朝を初代として、戦国時代の末期に至るまでの十八代、笠間地方を支配しました。

親鸞には教名よりも先にその父である笠間城主の庄司基員《しょうじもとかず》が帰依したといいます。基員は、この地方の文化の中心であった佐白山付近を拠点として布教するように親鸞に勧め、招いたといいます。

光照寺の阿弥陀仏像＝流木と鹿島大明神

同じく光照寺の伝承では、教名の祖父庄司基実《もとざね》のこととして次のような話も伝えています。

基実は鹿島神宮の造営に参加して、工匠たちの指揮にあたっていました。ある夜、鹿島沖の中秋の名月を眺めていました。すると海岸に流木があるのを見つけました。基実は鹿島神宮の建物の一部に使おうと思って拾って持ち帰りました。するとその夜の夢に老人が現われ、「あなたが拾ったのは単なる流木ではない。釈迦が生まれた天竺（インド）から流れ着いた霊木である。みだりに使ってはいけない。大切にせよ。そしてこのことを子々孫々に伝えよ」と告げて忽然と消えたといいます。

それから十数年経って親鸞が笠間に来ました。親鸞は教名に、『教行信証』を執筆したいという気持を示しました。合わせて、この草庵の本尊を彫刻したいという気持も示しました。そこで教名は、祖父基実から伝えられた霊木を取り出し、その由来も説明し、ぜひお使いくださいと提供しました。親鸞はとても喜んで、二尺八寸の高さの阿弥陀仏を完成させたといいます。

庄司基実の夢に出てきた老人は鹿島大明神と考えられます。この光照寺にも鹿島神宮との関係の深さを示す話があるのは興味深いことです。

なお光照寺には、親鸞夫妻が貴族の若者の姿で座っている絵が伝えられています。「女人往生証拠の御影」という名称です。女性でも問題なく極楽往生できるという趣旨で描かれているそうです。また「光明本尊連座の御影」もあります。こちらは光明本尊を挟んで親鸞と恵信尼が座っている絵です。

如来寺と鹿島大明神

茨城県石岡市柿岡《かきおか》にある如来寺《にょらいじ》は、二十四輩第四とされてきました。この寺を開いたのは、親鸞の門弟乗然《じょうねん》と伝えられています。

如来寺は、もと霞ヶ浦に面した所にあり、「霞ヶ浦の御草庵」と言われていました。乗然は、片岡尾張守親綱《かたおかおわりのかみちかつな》という武士であったとされています。兄の信親《のぶちか》が鹿島神宮の大宮司となったので、弟の親綱が家を継ぎましたが、やがて稲田草庵に親鸞を訪ねてその門弟となったとされています。信親と親綱は叔父と甥であったともいいます。

ところで親鸞が常陸国に入ったころから、霞ヶ浦の水の中に怪しく光る物体が現われたそうです。魚たちはその光を恐れて逃げ散ってしまい、漁師たちは大変困っていました。すると翌年三月十四日の夕方、霞ヶ浦の浮島に白髪の老翁が浮木に乗って現われました。浮島というのは、後には現在の稲敷市の地名になりましたが、もともとは水の中の草が集まって島のようになった状態です。その島は湖の中を動いたりしました。

浮木の周りに集まって来た漁師たちに、老翁は次のように告げました。「私は鹿島大明神である。湖の中で光る物体があって困っているなら、明日、親鸞という名僧がこの付近を通るので、助けてもらいなさい」。翌日の昼ごろ、鹿島明神の話のとおりに、親鸞が付近を通りかかりました。そこで漁師たちが、困っている事情を説明して助けを願ったところ、親鸞は次のように言いました。「これは怪しい物体ではありません。金色の仏像でしょう」。親鸞と漁師たちは船に乗り、みんなで網を打って物体を引き揚げました。

怪しい物体と見えたものは、確かに光り輝く阿弥陀仏像でした。そこで親鸞は浮島に草庵を建て、その阿弥陀如来像を本尊として安置したのが、如来寺の始まりであるといいます。「如来寺」という寺名は、霞ヶ浦から引き揚げた阿弥陀「如来」に因むというわけです。そして霞ヶ浦は、再びよい漁場となりました。漁師たちは親鸞に大いに感謝したそうです。

広い湖や沼、あるいは大きな川から金色に光り輝く仏像が引き揚げられて、それを村人たちが大切に守ってきたという話は、全国各地に見られます。如来寺の話もその一つと考えられます。

ただ霞ヶ浦の御草庵の話は、鹿島大明神が現われてくるところに特色があります。親鸞の布教の話を、霞ヶ浦付近では特に大きな勢力を持つ鹿島神宮の影響下で語っているということです。

この草庵は霞ヶ浦の南の岸の浮島にありましたが、戦国時代に現在の石岡市柿岡の地に移ってきたとされています。

如来寺の浮足の聖徳太子——鹿島大明神の浮木——

さらに如来寺の寺伝によると、親鸞は十数年にわたってこの草庵に出入りしたといいます。稲田から鹿島神宮への往復においでてでしょうか。そしてこの如来寺には「浮足《うきあし》の太子」と呼ばれている聖徳太子像が安置されています。高さは七十センチメートルほどで、上半身は裸、腰から下には裳《も》をつけています。この太子像は聖徳太子二歳の姿を表わしたという、いわゆる南無仏太子像です。この太子像の材木は、漁師の前に現れた鹿島明神が乗ってきた浮木であるとされています。

鹿島明神は「この浮木は天竺から渡来した名木である。親鸞に差し上げなさい」と漁師に指示しました。この浮木をもらった親鸞は、自ら聖徳太子像を刻んで、霞ヶ浦から引き揚げた阿弥陀仏像と一緒に草庵に安置したそうです。ところが後に親鸞が京都へ帰るとき、この聖徳太子像は別れを惜しみ、草庵の門前まで空を飛んで出て見送ったと言われています。如来寺の太子像をよく見るとその左足の足元は薄い紙が一枚入るほど浮いています。それで「浮足の太子」と呼ばれています。

専修寺と鹿島大明神寄進の姥ヶ池

栃木県真岡市高田にある専修寺は、高田門徒の本拠地として知られています（『二宮町史　通史編Ⅰ』二宮町、二〇〇八年）。元仁《げんにん》二年（一二二五）、親鸞は稲田から下野国への国境の山々を越えて、高田へ布教に出ました。近くの真岡城主大内国時《おおうちくにとき》が親鸞を助けて、高田から二キロメートルほど東の山麓にある三谷という所に、草庵を建てて住まわせました（三谷草庵）。

親鸞は、三谷と高田とを往復して専修寺の建立にあたったといいます。そのとき、寺の近くで飲み水用に使用した泉がありました。これが姥ヶ池《うばがいけ》です。そしてこの池は、鹿島大明神の寄進であったと伝えられています。現在、姥ヶ池は専修寺の北方三百メートルほどの田の中にあります。道路に面しています。姥ヶ池には一面に葦が生えていて、岸辺にはまだ幹の細い柳の木が植えてあります。近年田の区画整理がありましたが、姥ヶ池は重要な遺跡であるとして、少し位置を変えて残すことになったそうです。

阿弥陀寺の赤童子＝鹿島大明神の使者

茨城県那珂市額田《ぬかだ》南郷《なんごう》にある阿弥陀寺は、親鸞の大山草庵の跡を受け継ぐ寺とされています。大山草庵は、茨城県東茨城郡城里町阿波山にあったといいます。地元では、建保四年（一二一六）、親鸞がすでに作られていた法然ゆかりの寺を頼ってこの地に来て、その境内に草庵を結んだと伝えています。これが大山草庵です。この年十一月、親鸞は法然の三回忌の法要を行なったそうです。これを真宗興行の法要といい、大山草庵は開宗宣言の地とされています。

大山の草庵は、のちに親鸞の門弟の定信に譲られて阿弥陀寺となりました。その阿弥陀寺は室町時代に現在の地に移ってきました。

この阿弥陀寺には赤童子《あかどうじ》と呼ばれる小さな木像があります。高さ三十センチメートル程度の、顔を赤く塗った童子の像です。この赤童子は、鹿島大明神を守る童子とされてきま

料金受取人払郵便

京都中央局
承　　認

3543

差出有効期間
平成27年1月
10日まで

(切手をはらずに
お出し下さい)

郵便はがき

6008790

110

京都市下京区
正面通烏丸東入

法藏館 営業部 行

愛読者カード

本書をお買い上げいただきまして、まことにありがとうございました。
このハガキを、小社へのご意見またはご注文にご利用下さい。

お買上 **書名**

＊本書に関するご感想、ご意見をお聞かせ下さい。

＊出版してほしいテーマ・執筆者名をお聞かせ下さい。

お買上
書店名

区市町

書

◆新刊情報はホームページで　http://www.hozokan.co.jp
◆ご注文、ご意見については　info@hozokan.co.jp

13. 7. 1.

ふりがな
ご氏名　　年齢　　歳　男・女

〒□□□-□□□□　電話

ご住所

ご職業
(ご宗派)　所属学会等

ご購読の新聞・雑誌名
(ＰＲ誌を含む)

ご希望の方に「法藏館・図書目録」をお送りいたします。
送付をご希望の方は右の□の中に✓をご記入下さい。　□

注 文 書

月　日

書名	定価	部数
	円	部
	円	部
	円	部
	円	部
	円	部

配本は、○印を付けた方法にして下さい。

イ. 下記書店へ配本して下さい。
(直接書店にお渡し下さい)

(書店・取次帖合印)

ロ. 直接送本して下さい。
代金(書籍代＋送料・手数料)は、お届けの際に現金と引換えにお支払下さい。送料・手数料は、書籍代 計5,000円 未満630円、5,000円以上840円です(いずれも税込)。

＊お急ぎのご注文には電話、ＦＡＸもご利用ください。
電話 075-343-0458
FAX 075-371-0458

書店様へ＝書店帖合印を捺印の上ご投函下さい。

(個人情報は『個人情報保護法』に基づいてお取扱い致します。)

した。この阿弥陀寺にも鹿島神宮の影響が見られます。

神原の井の伝承で判明するように、西念寺と鹿島明神との話は戦国時代以前から存在していたことが明らかです。その他の浄土真宗寺院での鹿島明神との伝承も併せ考えると、かなり早い時期から親鸞と鹿島とを結びつける伝承が生まれていたものとみえます。それが浄土真宗門徒が常陸国で生きていく上での知恵だったのでしょうか。

4　見返り橋

見返り橋　西念寺の南門を出ると、そこには田んぼが広がっています。その中の道をまっすぐ歩いていくと、親鸞ゆかりの見返り橋があります。親鸞は六十歳のころ京都に帰りました。この西念寺の位置にあったであろうと推測される稲田草庵の門の前では、妻や子どもたちが見送っていました。この場面を描いた絵では、恵信尼は幼女を抱き、数歳くらいの子どもが恵信尼の袂を握り、前髪姿の少年がじっと父を見送るという図柄が一般的でした。

しかし娘の小黒女房はもう二十数歳、息子の信蓮房は二十二歳、その下の息子有房や娘の高野禅尼も成人の域に達していたはずです。当時、男性は十五、六歳で大人、女性は十三歳で大人ですから。末の覚信尼のみ九歳ですが、もう母に抱き上げられる年齢ではありません。親鸞の「子どもたち」と言われてきたことによって、私たちは「子どもたち」の年齢を錯覚してきたのです。

稲田では親鸞は一人で京都に帰った、家族はそれを草庵の西門（現在の南門あたりと考えられます）で見送った、と伝えられてきました。親鸞は歩き始めたのですけれども、「お元気でー」とか、「さようならー」とか泣きながら叫ぶ家族の声に思わず振り返り（見返り）ました。小川の上にかかる橋の上でした。

親鸞の和歌

そして親鸞は次の和歌を詠んだといいます。

わかれ路を　さのみなげくな　法《のり》のとも
またあう国の　ありとおもへば

〔ここが人生の分かれ道になってしまうことを、そのように嘆かないでおくれ。私たちは同じ仏法を学ぶ仲間たちだ。また極楽浄土で会えるじゃないか〕

とても感動的な和歌です。小川にかかる橋は、以後、「見返り橋」と呼ばれるようになったということです。現在、田の区画整理が進み、少し曲がりくねっていた南門からの道は真っ直ぐになりました。「見返り橋」は新しくなり、道の脇に置かれています。そばには「見返り橋」の記念碑と親鸞の歌碑が建っています。

なお、常陸大宮市鷲子・照願寺には「見返りの桜」があることは前述しました。稲田には「見返り橋」があり、またかなり前になりますが記念切手で「見返り美人」という切手もありました。京都市左京区・禅林寺（通称永観堂）には「見返り阿弥陀」があって、信仰を集めています。「見返り」という言葉が何か魅力的なのでしょう。次に述べるように、茨城県つくば市内には「見返り榎」なる親鸞の遺跡もあります。

5　笠間郡の親鸞伝承の特色

笠間郡の親鸞伝承も、穏やかな印象の話という特色がみられます。西念寺のお杖杉はその代表でしょう。親鸞が京都から越後を経て、布教にもっとも適した所は稲田であった、という伝承ですから。そういえば同じく笠間の光照寺には、そこは親鸞が笠間へ入って初めて草鞋をぬいだ所という伝承があります。そこで光照寺は「関東お草鞋ぬぎの聖地」とも言われてきました。西念寺も光照寺も、いずれも真宗門徒に尊崇されてきたと思わせます。

また笠間郡には限りませんが、常陸国とその周辺の親鸞の遺跡には、鹿島明神に関係する伝承が多いことも特色の一つです。西念寺（稲田草庵の跡）の神原の井の伝承、光照寺（笠間草庵の跡）の霊木の伝承、阿弥陀寺（大山草庵の跡）の赤童子の話、三谷草庵の姥ヶ池の伝承など、親鸞が住んだとされている所に必ずといっていいほど鹿島の伝承があるのです。また戦国時代の顕誓が書いた『反故裏書《ほごのうらがき》』に、親鸞が常陸国で住んだのはここだと板敷山の北側が示されています。現在の桜川市今泉というところです。そこのある民家の庭には、親鸞が使用したとされる井戸が残っています。なんとそのそばにも、現在、鹿島神社があるのです。

　これらの伝承はいつごろに発生したのでしょうか。西念寺の神原の井の項で触れましたように、それは戦国時代またはそれ以前であることは動きません。では、親鸞と鹿島の伝承にはどのような意味があるのか、その研究は今後の課題です。

　また現在石岡市柿岡にある如来寺は、もと霞ヶ浦の南岸にありました。この寺が持っている、霞ヶ浦の湖底から阿弥陀仏を引き上げたという話は、大きな湖や海岸の付近でよく見られる伝承です。海岸に阿弥陀仏が流されてきたのでそれを大切にしたとか、湖底に光る金色の物体を引き上げてみたら仏様だったとかいう伝承です。日本各地にあります。如来寺の伝承もその一つということができます。滋賀県にある真宗木辺派の本山錦織寺にも、同様に、親鸞の指導で霞ヶ浦の湖底から金色の阿弥陀仏像を引き上げたという伝承があります。

　では次に、笠間郡の南に展開する北の郡について検討していきます。この二つの郡の境が、有名な板敷山であり、その頂上付近にあるのが板敷峠なのです。板敷峠は、笠間郡から南方の北の郡、その南の常陸国府、さらにその南の鹿島神宮参詣のときには必ず通った峠でした。親鸞はこの峠を通っていたときに山伏弁円に待ち伏せをされたのです。

第五章　北の郡の歴史と親鸞の伝承

一、親鸞の手紙に見る北の郡の話題

1　善乗房を避けた親鸞（第三十七通）

北の郡の善乗房　親鸞の書状第三十七通に次の文があります。

なによりも、聖教《しょうぎょう》のをしへをもしらず、また浄土宗のまことのそこをもしらずして、不可思議の放逸無慚《ほういつむざん》のものどものなかに、悪はおもふさまにふるまふべし、とおほせられさぶらふなるこそ、かへすがへすあるべくもさふらはず。北の郡にありし善乗《ぜんじょう》房《ぼう》といひしものに、つゐにあひむつる、ことなくてやみにしをばみざりけるにや。

（下略）

この第三十七通には、自分がいくら凡夫であり悪い心を持っているからといって、その悪い心に任せて振る舞っていいものではない、と述べてあります。ここに掲げたのはその冒頭の部分です。

「経典に記されている教えも知らず、また念仏の教えのほんとうのところも知らないで、正気の沙汰ではなく恥知らずの者たちのなかには、悪いことは思う存分に行なえという人がいる。これはまったく言語道断のことである。北の郡にいた善乗房というそのような者に、私がついに親しくしなかったのを見なかったのだろうか」。

親鸞はこのように説いています。

ここに登場する善乗房は、僧侶の悪い例としてあげられています。おそらく念仏信仰を持っていたのでしょうが、親鸞の信仰とは異なる内容を持っていたらしいのです。親鸞はこの者の扱いにてこずった様子です。この手紙を書いたとき、親鸞はすでに関東から京都に帰っていました。したがって、彼は自分の関東在住時代のことを思い出して手紙にしたためているのです。

北の郡の範囲　その善乗房が住んでいたのが北の郡でした。私は、北の郡というのは行政上の郡名ではなく、常陸国（茨城県）の北部一帯を指す、という説明を読んだことがありますけれど、この説明は半分は当たっていて、半分は間違っています。

たしかに北の郡は行政上の郡名ではありません。一種の通称です。常陸国の中央部にある国府を含む広い地域を、古代では茨城郡といいました。その茨城郡が古代末期から中世にかけて順次分立して四つに分かれ、北東部を小鶴荘、南東部を南の郡、南部を南野牧《みなみのまき》、そして北部を北の郡と呼ぶようになったのです。したがって、北の郡は常陸国の北部一帯の地域ではないのです。

現代でいえば、北の郡とは、茨城県石岡市の北部の地域、および、かすみがうら市の一部です。石岡市の北部の地域は近年まで茨城県新治郡八郷町《やさとまち》でしたが、平成十七年（二〇〇五年）十月一日に石岡市と合併しました。新市名も石岡市です。かすみがうら市の一部となっている地域は、近年まで千代田町のなかにありましたが、千代田町はこれまた平成十七年三月二十八日に霞ヶ浦町と合併してかすみがうら市となっています。

北の郡という地名が出てくる親鸞の手紙は一通しかありません。しかし間違いなく親鸞は北の郡に何度も足を運んだはずです。理由は、前述しましたように、親鸞は笠間郡から常陸国府や鹿島神宮に行くときには板敷山を通ったであろうからです。笠間郡から板敷峠を越えれば、そこは北の郡なのです。

ちなみに、現在の板敷峠は、昭和に入ってから新たに作られたバス通りに設けられました。桜川市と石岡市の境界になっています。もとの板敷峠は、板敷山とその北の吾国山《わがくにさん》との境にあります。

では次に、北の郡の歴史について見ていきたいと思います。

二、北の郡の歴史と環境

1　古代の北の郡——茨城国から茨城郡へ

「茨城」の地名の起こり　『常陸国風土記』の「茨城の郡」の項に、次のような話が載っています。茨城郡という名称の起こりの説明です。

古老の曰《い》へらく、昔、国巣《くず》（俗語につちぐもといひ、又やつかはぎといふ）、山の佐伯、野の佐伯あり。普《あまね》く土窟《いはや》を掘り置きて常に穴に居み、人の来るあれば、窟《いはや》に入りて竄《かく》り、其の人去れば、更《また》郊に出でて遊びき。狼の如き性にして梟の如き情あり。鼠に窺《ひそか》ひて掠め盗み、招き慰《なご》めらゆることなく、彌《いよいよ》風俗《くにぶり》を阻てき。此の時、大臣の族、黒坂の命、出で遊べる時を伺候ひて、茨蕀《うまら》を穴の内に塞ぎ施れ、やがて騎兵を縦《はな》ちて、急に逐ひ迫めしめき。佐伯等、常の如く走りて土窟に帰らむと欲ひて、尽《ことごと》に茨蕀に繋りて衝き害《そこな》はえ、刺傷《きずつ》きて、終に疾み死に散《あら》けき。故《かれ》、茨蕀を取りて、県《あがた》の名に著けき。

（中略）

或るもの曰へらく、山の佐伯、野の佐伯、みづから賊の長と為り、徒衆《ともがら》を引き率て国中《くぬち》を横行し、大に劫殺を為しき。時に黒坂の命、此の賊を規《はか》り滅し、茨《うまら》以ちて城《き》を造りき。所以《ゆゑ》に地《くに》の名を、便ち茨城《うまらき》と謂ふなり。（茨城の国造の初祖、天津多祁許呂の命は息長帯比売の天皇〈神功皇后〉の朝に仕へて、品太の天皇〈応神天皇〉の誕れましし時までに当れり。多祁許呂の命に子八人あり。中の男は筑波使主《おみ》、茨城の郡の湯坐連等が初祖なり。）

これは「茨城」という地名の成立についての説話です。長文なので内容を要約したいと思います。

この地方には、昔、地面に穴を掘って家として生活している国巣の者たちがいました。彼らを山の佐伯、野の佐伯といいました。彼らは狼のような性格、梟のような心を持ち、盗みを働き、まわりの人たちと仲よくすることがありませんでした。そこで彼らを退治するため、意富臣《おおのおみ》の一族である黒坂命が、国巣が穴の外に出ているときを見計らい、棘のついた茨を穴のなかに押し込みました。そして突然、国巣らに騎兵で襲いかかると、彼らは逃げて穴のなかに潜り込みましたが、茨の棘に刺されて傷つき、とうとう病気になったり死んだりして国巣は滅びてしまいました。そこで、このことを記念して、このあたりの県の名を「茨蕀」としました。

また次のような話もあるといいます。山の佐伯、野の佐伯は、賊の長となって国中を荒らしまわり、人殺しなどを重ねていました。そこで黒坂命がこの賊たちを滅ぼし、茨で城を造りました。そこでこの地を「茨城」ということになったというのです。

茨城郡という名称の起こりについて、『常陸国風土記』では以上のように伝えています。茨や柊などの枝や葉は棘があるので、魔物から人間を守ってくれるとして信仰の対象になっていました。

茨城国から茨城郡へ

大化の改新以前には、茨城郡のあたりは茨城国と呼ばれていて、一つの独立した地域でした。改新後には茨城評《こおり》となり、次いで茨城郡と表記されるようになりました。この地方には、改新前からの系譜を引く支配者の茨城国造がいました。『常陸国風土記』の「行方の郡」の項に、「難波長柄豊前大宮馭宇天皇之世、癸丑年、茨城国造小乙下《しょういつげ》壬生連《みぶのむらじ》麻呂《まろ》」とあり、『国造本紀《こくぞうほんぎ》』に「茨城国造、軽島豊明（応神天皇）朝御世、天津彦根命孫筑紫刀禰定賜国造」などとあります。

また天平勝宝《てんぴょうしょうほう》四年（七五二）、茨城郡大幡郷《おおはたのごう》から年貢として朝廷に納められた布（調布）が奈良の正倉院に保存されています。そのことを記した記録に、「常陸国茨城郡大幡郷戸主大田部《おおたべの》虫麻呂《むしまろ》調壱端」とあります。大幡郷というのは石岡市（旧八郷町小幡）内にありました。

茨城郡の範囲　茨城郡は、現在の東茨城郡茨城町西部、笠間市の南部、石岡市全域、かすみがうら市全域、桜川以北の土浦市、つくば市の一部（旧筑波町南部）という広大な地域でした。

『常陸国風土記』の「茨城の郡」の項に、

郡より西南に近く河間《かはい》あり。信筑川《しづくがは》と謂ふ。源は、筑波の山より出で、西より東に流れ、郡の中を経歴《へ》て高浜の海に入る。

〔茨城郡の役所の近く、南西の方向の所に川があります。信筑川といいます。その川の源は筑波山で、西の方から東に向かって流れ、茨城郡の中央部を流れて高浜の海に入ります。〕

とある信筑川とは、現在の恋瀬川《こいせがわ》のことです。

恋瀬川は、実は石岡市大増《おおます》付近に源を発して南に向かって流れ、難台山《なんたいさん》（石岡市と笠間市との境の山）、加波山《かばさん》（石岡市と桜川市との境の山）、足尾山《あしおさん》（同）等から流れる小渓流を合わせ、やがて志筑《しづく》（かすみがうら市下志筑《しもしづく》〈現在〉。旧千代田町。北の郡のうち）付近で高浜の海（霞ヶ浦）に注いでいたと考えられます。旧千代田町は内陸部ですが、かつてはそこまで霞ヶ浦が入り込んでいました。そこが「高浜の海」と呼ばれていたのです（『土浦市史』土浦市役所、一九七五年）。

また加波山も足尾山も筑波山より北にある山々です。したがって、前掲『常陸国風土記』に「信筑川」が「筑波の山より出で」とあるのは、正確には「筑波山付近の山々から出で」というべきところでしょう。

旧八郷町大増には、浄土真宗史上で有名な山伏弁円改め明法房ゆかりの大覚寺《だいかくじ》がありま す。そして親鸞と弁円の故事で知られた板敷山もあります。信筑川（恋瀬川）は、まさにその付近に源を発し、北の郡のなかを南に流れていったのです。

平将門の乱

承平《しょうへい》元年（九三一）、平将門は叔父の平良兼《よしかね》と争いました。それは父良将の遺領の問題等が原因でした。いわゆる承平・天慶《てんぎょう》の乱（平将門の乱）の始まりです。将門は下総国石井《いわい》を本拠として石井小次郎《いわいのこじろう》と称しました。石井は現在の茨城県坂東市（旧岩井市）の内です。

承平《しょうへい》五年（九三五）、将門は前常陸大掾 源 護《みなもとのまもる》と争い、護を助けた伯父の平国香と戦ってこれを殺しました。続いて同七年には平良兼と戦い、湯袋山《ゆぶくろさん》に逃げ込んだ良兼軍を包囲しました。湯袋山とは、筑波山の二つの頂上を構成する女体山と男体山のうち、女体山の東にある山です。現在では弓袋山《ゆぶくろさん》と表記しています。その山を越えれば、すぐ茨城郡です。

将門は茨城郡小幡《おばた》（旧八郷町）方面から湯袋山に籠もる良兼軍を攻めましたが、陥落させることはできませんでした。このとき、刈り取られていた田の稲の束を泥田に敷いて踏み渡ったと『将門記』に記されています。

平貞盛とその子孫

この平将門を討ったのは、彼の従兄弟の平貞盛でした。以後、貞盛は常陸国に大きな勢力を張りました。貞盛の弟繁盛は兄の養子となり、将門の本拠も継承、そして筑波郡の多気（つくば市内。旧筑波町）にも館を構えました。これが常陸平氏の本流です。致幹《むねもと》からは多気に本拠を置き、茨城郡も支配下に収めていました。左に常陸平氏の略系図を記しておきます。

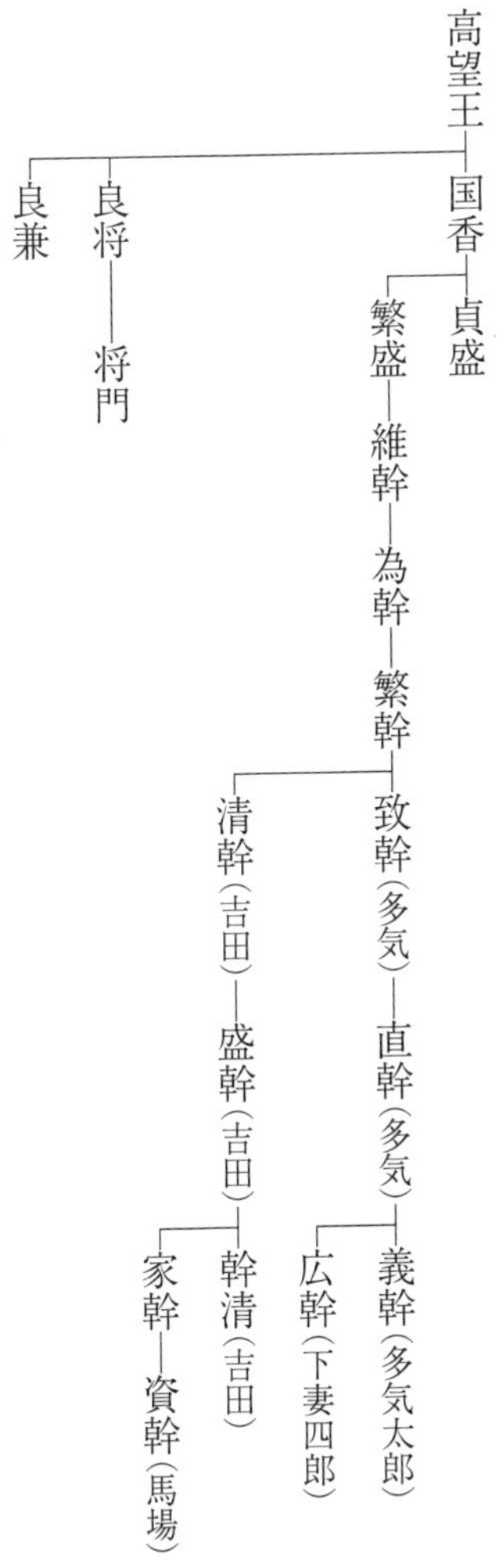

2　中世の北の郡――九条家（恵信尼の主家）の小鶴荘

茨城郡の分立と荘園化

やがて茨城郡は小鶴荘、南野牧、北の郡、南の郡の四つに分立しました。まず南野牧が荘園化して国司の手を離れました。それは平安時代末期の康治《こうじ》二年（一一四三）のことでした。この地域は早くから独自の単位となっていましたが、この年に京都の安楽寿院に寄進されました。寄進したのは多気直幹《たけなおもと》と推定されています。この南野牧は、のちに南の荘と呼ばれるようになります。

続いて茨城郡の東部が小鶴荘として荘園化されました。これは多気義幹《よしもと》あるいはその弟で「悪権守《あくごんのかみ》」と呼ばれた下妻広幹《しもつまひろもと》が、摂関家である藤原忠通あるいはその娘の皇嘉門院《こうかもんいん》（崇徳天皇中宮）に寄進したものです（『岩間町史』岩間町、二〇〇二年）。

九条家領小鶴荘

治承《じしょう》四年（一一八〇）五月十一日の皇嘉門院惣処分状に、「ひたちこつるきた　みなみ」とあるのが史料上の初見です。この荘園は九条兼実で知られた九条家に継承されました。その兼実の娘の宜秋門院（後鳥羽天皇中宮）は、父とともに法然と親しかったのです。また宜秋門院は親鸞の妻恵信尼とも親しかったと推定されます。親鸞と恵信尼一家が越後から関東へ移住したころ、ちょうど小鶴荘の領主でした。私は小鶴荘こそ、この一家が関東で頼るよすがとした一つであると考えています。

茨城郡の北の郡と南の郡は、実は南野牧と小鶴荘が分立したのちに、残された地域が二つに分割されたものです。それは多気直幹が自分の領地を子息たちに譲るとき、この地域の北部を多気義幹に、南部を下妻広幹に分け譲ったことから成立しました。

南の郡のなかには国府があり、その役所である国衙が置かれていました。そのため、南の郡のことを府郡と呼ぶこともありました。

八田知家と小田一族

文治《ぶんじ》五年（一一八九）、源頼朝の奥州征伐に伴い、八田知家が常陸守護に任命されたことから、北の郡およびその付近の情勢も一変しました。「守護」というのは鎌倉幕府体制下で各国単位に任命される職で、その国の御家人の軍事指揮権を掌握する強い力を持っていました。御家人というのは、将軍の家来の武士のことです。のちには知家の系統の本流を小田氏と称しました。

八田知家は常陸平氏と争いつつ、常陸国の勢力を広げていきました。まず建久《けんきゅう》四年（一一九三）、八田知家は多気義幹を陥れて、筑波郡、北の郡、南野牧等、義幹の領地をすべて奪いました。同年、知家は常陸平氏のもう一人の有力者下妻広幹も殺しました。そして知家の子孫である小田氏と宍戸氏が常陸守護を世襲するようになりました。こうして、外部から入ってきた小田一族は常陸国に大勢力を築いたのです。関係系図を左に掲げます。

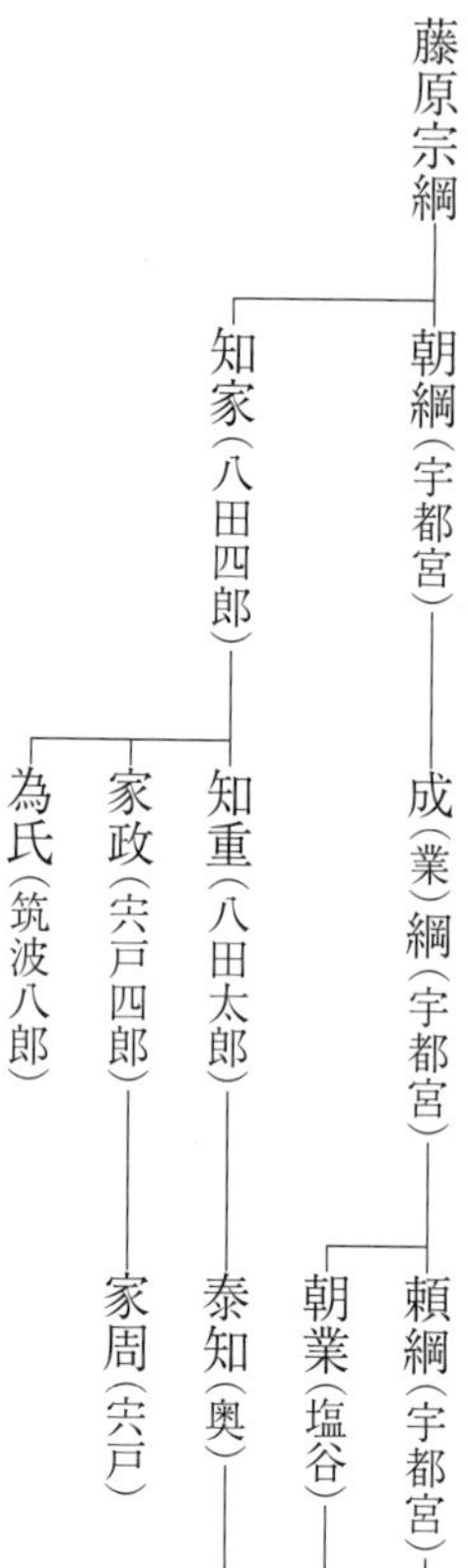

右の系図で宍戸《ししど》というのは小鶴荘西部（笠間市。旧友部町）の地名です。ここを本拠にする家政《いえまさ》から始まる宍戸氏は、前述した小鶴荘を現地で支配する荘官で、それはすでに文治《ぶんじ》五年（一一八九）には始まっていました。つまり、この年以前に八田知家は小鶴荘を常陸平氏から奪い、四男の家政に宍戸に住まわせて小鶴荘の現地管理に当たらせ、宍戸四郎と名のらせていたのです（『友部町史』友部町、二〇〇〇年）。

これに対して、吉田郡（水戸市、ひたちなか市、大洗町東部一帯）を支配する平氏一族の馬場資幹《すけもと》が国府に入り、義幹の遺領の継承を主張しました。源頼朝もその主張のかなりを承認しています。以後、資幹の系統は常陸大掾を世襲化し、大掾氏（常陸大掾氏）を名のって中世末に至っています。

なお八田氏や宍戸氏は親鸞を保護した宇都宮頼綱と近い一族関係にあります。九条家領小鶴荘の現地の荘官が頼綱と近い関係であるからには、親鸞一家はさらに心強いというものだったでしょう。

弘安二年（一二七九）に作成された「弘安の大田文」には、

北郡《きたのこおり》　二百七十二丁四段六十歩

とあります（税所文書）。二百七十二丁四段六十歩といえば、約九十八万坪で約三百五十三ヘクタールということになります。広大な地域です。そして北郡の内訳を記すなかに二十三の郷名が記されています。

ちなみに「弘安の大田文」によれば、小鶴荘には田が四百丁あり、南野牧には千百九十一丁九段大あると記されています（「大」というのは、一段の三分の二の面積のこと。つまり「九段大」なら「九段プラス三分の二段」ということです）。

田圃としての面積は、この大田文のなかで南野牧が第一位、小鶴荘が第二位ですから、茨城郡全体は非常に豊かな地域でした。

北の郡には、鎌倉時代を通じて八田氏（小田氏）の一族が住み着いていきました。真家氏、上曾氏、柿岡氏、片野氏、小幡氏等がそれです。常陸平氏の勢力も完全に失われたわけではなく、国府のある南の郡に本拠をおく大掾氏の影響力も及んでいました。

北条氏の進出　鎌倉時代末期になると、北の郡の支配権は北条氏に移りました。十四世紀の初め、北の郡惣地頭職を北条氏の有力な一門金沢氏が所有するところとなりました。乾元《けんげん》元年（一三〇二）以降と推定される記録に、金沢氏の氏寺である称名寺（横浜市金沢区）運営のための費用を出す所として「北郡（米六石、銭十一貫五百文）」とあります。

また年未詳の金沢貞顕の手紙に「埴生庄《はにゅうのしょう》・北郡両政所《まんどころ》以下の事、承り候おわんぬ」とあります。金沢氏は北の郡を称名寺に寄進しました。さらに北の郡は元亨《げんこう》元年（一三二一）に北条貞時の未亡人の領地となりました。

国府は、その国でもっとも環境のよい所に設定されたといいます。そのため国府とその付近は、武士が興ってきた平安時代後期からはその武士たちの激しい奪い合いの対象になりました。北の郡もその動きに巻き込まれていました。親鸞の布教活動はその間をぬって、ということでした。そしてこの北の郡では、『親鸞伝絵』に、

聖人常陸国にして専修念仏の義をひろめたまふに、おほよそ疑謗の輩はすくなく、信順の族はおほし。しかるに一人の僧（山臥と云々）ありてやゝもすれば仏法に怨をなしつゝ、結句害心をさしはさみて聖人をよりようかゞひたてまつる。

とあるような、山伏弁円と親鸞との関係を軸とした伝承も生まれていきました。

三、北の郡を舞台にした親鸞の伝承

1　説法石

大覚寺の説法石

茨城県石岡市大増《おおます》には、山伏弁円ゆかりの大覚寺があります。弁円は茨城県常陸大宮市東野《とうの》の楢原《ならはら》に本拠を置く山伏でした。弁円は親鸞が気に入らず、危険分子として殺そうとしました。やがて親鸞に帰服し、明法房という名を与えられて熱心な念仏の行者になりました。

大覚寺には、この時の弁円の姿を表わしたものとして、「弁円懺悔《ざんげ》の像」が安置されています。あわせて、親鸞の気持を表わした「親鸞聖人御満足の像」も安置されています。穏やかな表情の親鸞坐像です。

板敷山の山道には、弁円が懺悔の心境で詠んだ和歌の歌碑が建てられています。

山はやま　道もむかしに　かわらねど
かわりはてたる　我こころかな

〔私の周囲の山々も、私が歩く道も少しも変わっていません。しかし、すっかり変わってしまったように見えます。これは呪術の山伏から信心の念仏行者になった私の心が変わったので、そのように見えるのでしょう」

大覚寺には、親鸞が弁円たちに説教したときに使ったという「説法石《せっぽうせき》」があります。大覚寺の山門をくぐると、すぐ右手に「親鸞聖人説法石 幷《ならびに》天蓋樹《てんがいじゅ》」と記した縦長の石碑があります。その下に、縦七十センチメートル、横百八十センチメートルほどの平らな石が置かれています。これが説法石です。

大覚寺の伝えによりますと、親鸞はこの石に座って弁円に教えを説いたそうです。その説法は百日もの間続いたとされています。しかも教えを聞いていたのは弁円一人だけでなく、弁円の門弟で国中の無双の山伏たち三十五人もの大勢であったと伝えています。

常陸国で布教する親鸞に対して、あやしい奴だとか、私の宗教活動の邪魔をしていると考えた僧侶たちが複数いたことは十分に想像がつきます。しかしそれらの僧たちは確実な史料では弁円以外には確認できません。『親鸞伝絵』に現われる弁円は、唯一、史料的に確実な抵抗者なのです。

大覚寺、それから弁円を開基とする常陸大宮市の法専寺の伝える弁円像は興味深いものです。いずれも有力な山伏であった弁円がやがては親鸞に帰依して熱心な念仏行者になったことを説いています。

親鸞に関わる伝承の中には、石にまつわる話もいくつかあります。前述した大覚寺の説法石、それから後述する筑波山のナンマイ橋、さらには栃木県（下野国）真岡市高田の般《はん》舟石《じゅせき》などがあります。次に、この般舟石について見ていきたいと思います。

2　般舟石

専修寺の般舟石——親鸞と明星天子——

嘉禄《かろく》元年（一二二五）正月八日、五十三歳の親鸞は稲田を出発し、西北に連なる常陸と下野の国境を伝って三十数キロメートル進み、下野国大内荘柳島《やなぎしま》という所に入りました。あたりは田圃や沼地でした。すでに夜になっていましたが、近くには人家もなく、一夜の宿も頼めません。やむなく路傍の平らな石の上にうずくまり、念仏を称えて夜を明かそうとしました（拙著『下野と親鸞』自照社出版、二〇一一年）。

やがて明けの明星が東の空に輝こうとするころ、突然、一人の童子が現われました。童子は親鸞の前で、

白鷺《はくろ》の池のみぎりには
一夜の柳枝《えだ》青し

般舟の磐《いは》の南には
仏生国《ぶつしやうこく》の種生《おひ》ぬ

〔中国の仏教の霊地である白鷺池の岸には、柳が一夜で育って青々としています。仏を見ることができる大きな石の南には、インドからの菩提樹の種が芽を出して育ちます〕

と歌って、そのまま北方に立ち去ろうとしました。

不審に思った親鸞は急いで童子を呼び止め、「あなたはどなたでしょうか。なぜ、ここにいらっしゃるのですか」と尋ねました。すると童子は、「私は明星天子《みようじようてんし》です。あなたが座っている石の南は、昔、釈迦如来が教えを説かれた霊地です。それ以来、そこが衆生済度の地となることが待たれていました。早く寺院を建てて、これを植えなさい」と、柳の小枝と菩提樹の種を親鸞に手渡して去りました。親鸞は、このような沼地に建物が建つだろうか、柳や菩提樹が育つだろうかと心配しました。でもともかくもと、柳の枝を岸に挿し、菩提樹の種を石の南に蒔きました。

しばらくうとうととして、はっと目が覚めてみると、沼地はいつの間にかしっかりした台地になり、柳や菩提樹は大木となって青々とした葉を茂らせていたそうです。

明星天子——明けの明星——虚空蔵菩薩

明星天子は虚空蔵菩薩《こくぞうぼさつ》と同体とされていま

す。虚空蔵菩薩は、量ることができないほどたくさんの智慧を持っていることは大空すなわち虚空にも等しく、広大無辺であるとされています。右手に智慧の宝剣、左手に福徳の蓮華と如意《にょい》宝珠《ほうじゅ》を持っています。

菩薩を仏に準ずる存在とみれば、親鸞は一夜を明かした石の上で仏を見ることができたのです。また柳や菩提樹も一夜で成長しました。柳島の石とその南はまさに霊地でした。やがて付近は高田と呼ばれるようになりました。沼地が高く盛り上がったので田とすることができたということでしょう。

沼地は水が豊かで稲の耕作に適しているようにみえますが、必ずしもそうではありません。稲は成長する途中で不必要な水をたくさん捨てなければなりません。つまり排水の技術が必要ですが、戦国時代末期までは全国的にその技術が開発されていなかったからです。ある程度の高台の方が稲作に適していたのです。例えば棚田です。この棚田こそ、日本の田の原風景でした。

般舟石――仏を見ることができる石――

親鸞は、付近の真岡城主大内国時《おおうちくにとき》の援助でこの高田に寺院を建てました。それが専修寺であったといいます。また「仏を見ることができる」というのは、僧侶にとって大変重要な能力でした。それができれば極楽往生疑いなしと考えられていました。この「仏を見ることができる」という意味の、昔の中国語を般舟といいます。中国の善導《ぜんどう》に『般舟讃《はんじゅさん》』という著書があります。これは長文の漢詩で、これを称えながら歩き回る修行を続ければ阿弥陀仏と極楽浄土を見ることができるようになる、そのときこそ救われるのだと説いています。

親鸞は平らな石の上に座って、虚空蔵菩薩を見ることができたのです。そこでその石を般舟石と呼ぶようになったと伝えられています。この石は、現在、専修寺の北東二百メートルほどの狭い道路脇にあります。縦一メートル、横数十センチメートルほどの平らな石です。石自体は、古代の古墳の石の名残りともいわれています。

ところで北関東には虚空蔵信仰が広まっていました。特に茨城県北部・栃木県・群馬県には虚空蔵菩薩を本尊とする寺院が点在しています。これは、この地方には雷や雹《ひょう》の被害が大きいので、それを鎮めてくれることを虚空蔵菩薩に期待したのでしょう。この菩薩は文字どおり空を支配し、取り仕切っているであろうと思われたからです。この地方に神道の雷電神社が多いのも同様の意味合いです。虚空蔵菩薩に対する信仰は生活と密着していたのです。

大内荘柳島にも虚空蔵菩薩信仰が広まっていました。親鸞は、その人々と折り合いをつけて念仏を広めることを認めてもらったというのが、般舟石にまつわる伝えと考えられるのです。

ちなみに、高田では親鸞の念仏を受け入れたからといって、虚空蔵信仰を捨てたのではありません。現在、専修寺のすぐ南に建っている高田地方の産土《うぶすな》である三宮《さんのみや》神社の神体は、とてもきれいな虚空蔵菩薩なのです。江戸時代の記録にも、このことは記されていますから、近代になってから復活した信仰ではありません。

三宮神社――神体は虚空蔵菩薩――

高田地方の東には小貝川《こかいがわ》が流れています。この川はやがて下総国に流れ込んで大河となり、洪水などで人々を苦しめることが多くありました。そのために、そのことにまつわる伝承が生まれていきます。

しかし高田地方では、小貝川はまだ大きな被害を与えるとまではいかなかったようです。問題はいかにその氾濫原を田に変えていくか、といったことだったのでしょう。親鸞のおかげで柳「島」が高「田」になったというのはそのことを意味していると考えられます。

また虚空蔵菩薩に対する信仰も、まさに地域の人々の切実な要望に根差していました。親鸞はその要望に応えようとしたに違いないという思いが、高田地方で生まれた明星天子・虚空蔵菩薩と親鸞の伝承であったと思われます。その虚空蔵信仰が現代に至るまで続いているということも、いろいろと考えさせられます。

次に、人喰い橋の伝承を見ていきます。

3　人喰い橋

大覚寺と大蛇が住む涼光ヶ池

前述の石岡市大増・大覚寺の山門を出ると、目の前には棚田を思わせる地形が広がっています。ここには、もと、涼光ヶ池《りょうこうがいけ》と呼ばれた広い池がありました。昔、この池には大蛇が住んでいて、時々現われて人を喰らったそうです。困った村人は、稲田から板敷山を越えて国府方面へ行く途中の親鸞に助けを求めました。承知した親鸞は、たくさんの小石を集め、その小石一つ一つにありがたい経典の文字を一字ずつ書き、池に投げ入れました。するとたちまちその効果が現われ、大蛇は心ならずも大蛇の姿を取っていなければならなかった状態から救われ、人間の女性の姿になることができました。彼女は稲田に親鸞を訪ね、助けられたお礼を申し上げました。親鸞はその女性に涼光という法名を与えたといいます。

もう大蛇に喰らわれることもなくなった村人は喜び、安心して、この池を涼光ヶ池と名づけて記念としたそうです。

大蛇と蛇塚（念仏塚）

またこの大蛇は、自分の抜け殻を口にくわえて岸に上がり、近くの畑にそれを埋めたということになっています。そこに塚が設けられ、それを蛇塚と称したといいます。蛇塚は念仏塚とも呼ばれたそうです。大覚寺から涼光ヶ池を過ぎ、県道（笠間土浦線）に出る少し手前の左側です。現在、そこには数基の墓石があります。やや離れて南無阿弥陀仏と彫られた石塔が建っています。「陀仏」の二文字は土に埋まっていて見えません。

人喰い橋　そして県道の手前を流れる小川の脇には、「人喰橋《ひとくらいばし》」と彫られた小型の石碑が建っています。人喰い橋とは、橋が人を喰らうのではなく、「人喰らいの大蛇がいた付近にかけられた橋」という意味です。

日本列島はよく大雨が降り、そのたびに川や沼の水があふれて人や田畑に被害を与えました。昔の人たちは、大水で蛇行して流れる川の様子から大蛇を連想しました。そして大水の被害は大蛇が暴れるからだとみて、水死した人は「大蛇に喰われた」のだと恐れたのです。また他方、大蛇自身も好んで暴れているのではなく、大蛇に生まれた身を嘆き、世をはかなんで暴れるのであるといいます。

ここで親鸞の登場ということになります。親鸞は、その持つありがたい仏法の力で大蛇を救い、人に変え、極楽浄土への往生を確実にしてあげるのです。そうすれば大蛇の被害で困っていた人たちも安心ということになります。仏教は被害者・加害者の両方を救うということです。

川の氾濫による被害は、常陸国でも西部や南部に多くありました。常陸国中部といってもいい北の郡にも、被害が目立ったようです。「川が氾濫して人々に被害を与えるのは、大蛇が暴れるからだ。その人々を親鸞が救ってくれた。さらにありがたいことには、大蛇そのものも救ってくださった」というのが、この伝承の基本的な筋です。常陸西部から南部、さらには下総国や下野国にも、同様の伝承が生まれています。次に下野国の例を見たいと思います。

4　大蛇済度（蓮華寺）

蓮華寺の大蛇の伝説——嫉妬のあまり大蛇に——

栃木県下野市国分寺花見ヶ岡・蓮華寺に大蛇《おろち》の伝承が伝えられています。この寺には「親鸞聖人花見ヶ岡大蛇済度之縁起」という文献があります。大蛇の被害に苦しめられている人たちを親鸞が救うのですが、それと同じく、あるいはそれ以上に被害を与えた大蛇を済度するという内容が印象的です。

この付近は川井《かわい》兵部《ひょうぶ》という武士が領主でした。兵部は外に女性を囲っていました。兵部の妻は夫が自分を疎んじ、女性の家へ通うのに強く嫉妬しました。そしてとうとう二人を喰い殺してしまいました。妻は嫉妬のあまり頭には角が生え、口は耳まで裂け、身には鱗が逆さまに生えるという恐ろしい姿になっていました。さらに妻は深い淵に潜んで大蛇となりました。

大蛇と生け贄の女性

大蛇は、自分がこのような姿になったのは女性のせいだ、世の中に女性がいるから嫉妬も起きるのだ、すべての女性を殺してやると、村の人たちに毒気を吹きかけて食い殺すようになりました。特に毎年九月一日には、若い女性を一人、生け贄に差し出させていました。その一人は籤で決まりました。

さて建保《けんぽう》三年（一二一五）、近くの室《むろ》の八島《やしま》という所にある神社の神主大沢掃部正友宗《おおさわかもんのかみともむね》の一人娘が、籤でその年の生け贄と決まりました。友宗は困り、恐れて、折から通りかかった親鸞に「助けてください」とお願いしました。

親鸞は話を聞き、「これはあなたの娘の前世からの業がつたないからで、大蛇に食い殺されるのはやむを得ないのです。でも念仏を称えれば阿弥陀仏の慈悲の力で来世の極楽浄土往生は疑いありませんよ」と教えました。娘は泣きながらも、「極楽浄土に生まれることができるのはうれしいです」と言い、両親に別れを告げて生け贄の壇に登りました。

真っ暗な大暴風の中、大蛇が生け贄の壇の前に現われました。娘を見た大蛇は一口に飲み込もうとしました。しかし娘の称えている念仏の威力に打たれて水底に沈んでしまったのです。命拾いした娘は家に帰ることができました。そして出家し、親鸞から念妙《ねんみょう》という法名をもらいました。念妙とは、「念仏はすばらしい」という意味です。

「花見ヶ岡」と「親鸞池」

話はこれで終わりではありません。親鸞は淵に沈んだ大蛇を済度するために、そこに草庵を結びました。そして小石を二万個以上集め、浄土三部経（『無量寿経』・『観無量寿経』・『阿弥陀経』）の文字一字一字を書き込み、淵に投げ入れました。いわゆる一字一石経です。そして同じく浄土三部経を七日七晩読んであげたのです。するとその功徳で大蛇はもとの女性の姿に戻り、極楽往生できたそうです。このとき、空から蓮華が降ったので、親鸞は付近を花見ヶ岡と名づけたといいます。

大蛇が潜んでいた淵は親鸞池と呼ばれるようになりました。蓮華寺の本堂裏手の木立の中に広い池があります。それが親鸞池であるといいます。岸辺に「親鸞聖人大蛇済度之池」という大きな石碑が建っています。

親鸞聖人お手植えの桜と蛇骨経塚

親鸞池と木立の先に、それを取り囲むように細い用水が流れています。それを越えると桜の木が植えられていて、「親鸞聖人お手植えの桜」と呼ばれています。その場所は「蛇骨経《だこつきょう》塚《づか》」と呼ばれています。経塚というのは、来世の功徳になるようにと経典を埋めた塚です。この習慣は平安時代から認められます。経典は紙なので、それを保護するために銅の筒の中に納めます。御堂関白《みどうかんぱく》と呼ばれた藤原道長が埋めた経筒《きょうづつ》が現存しています。

花見ヶ岡の大蛇は女性に戻りましたが、大蛇そのものは遺骸《いがい》として残りました。蛇骨経塚の「蛇骨」とはその大蛇の遺骨のことです。蛇骨経塚とは、大蛇の遺骨と親鸞筆の一字一石経で作られた塚、ということになります。

栃木県宇都宮市材木町・安養寺《あんようじ》に所蔵する「花見ヶ岡安養寺縁起」には、淵に沈んだ大蛇について、室の八島明神が老翁《ろうおう》の姿で現われ、親鸞に「なにとぞ大蛇をお救いください。そして末の世まで万民の憂いをなくしてください」と頼んだと伝えています。

親鸞の和歌　そこで親鸞は池の傍に草庵を結び、次のような和歌を詠みました。思《おも》い川《がわ》というのは付近の大河で、大蛇はその淵に沈んだとの説もありました。

　思川　深き淵瀬《ふちせ》に　沈む身の
　　かかる誓《ちかひ》の　ありと知らずや

〔いろいろと迷いの念が多くて、思川の深い淵に沈んでいる大蛇よ、すべての生き物を救おうという阿弥陀仏の救いを知らないか。そなたも救っていただけるのだぞ〕

親鸞はこの草庵で百日間、大蛇を救うべく努力をしたというのです。また安養寺には

「花見ヶ岡大蛇済度絵伝」と名づけられた二幅の掛け軸が保存されています。

大覚寺の門前の人喰い橋の場合もそうでしたが、親鸞が大蛇を救うのに浄土三部経の文字合わせて二万字以上を、それぞれ一文字ずつ小石に書いて埋めるという作業が注目されます。一字一石経といわれています。つまりお経の文字に現世利益的効果があるということです。親鸞がこの効果を信じていたとは思えません。しかし周囲の人が、あるいは後世の人がそれを信じて、親鸞に託して作った伝承ということは明らかです。後述するように、常陸国の国府付近から南部にかけても、随所にこのような一字一石経の伝承がみられるのです。親鸞が何のためらいもなく、それを実行したとしているのです。人々はこの伝承を維持することによって、親鸞と従来からの信仰を結びつけ、それぞれが生活していく心の拠りどころとしていたのでしょう。

では次に、川ではなくて山に関わる伝承を見ていきたいと思います。北の郡に半分だけ入っている筑波山に関わる伝承です。

5　ナンマイ橋（筑波山）

親鸞と白髪の女性＝筑波権現

北の郡の西には、筑波山が聳えています。筑波山は海抜八百メートル級の山で、それほど高くないのですが、平野から立ち上がっているので圧倒的な高さに見えます（『筑波町史　上巻』つくば市、一九八九年）。この筑波山には親鸞に関する伝承がいくつも残されています。その一つに、親鸞と筑波権現が対面し、和歌で問答したという話があります（拙著『茨城と親鸞』茨城新聞社、二〇〇八年）。

北の郡から筑波山を越えてその麓に出ると、そこは茨城県つくば市となります。そこには橘川《たちばながわ》（逆川《さかさがわ》）という川が東西に流れています。川幅はさほど広くはありません。橘川には、筑波山の南の方から山道に入る「つくば道《みち》」があります。

つくば市大曾根・常福寺等の伝承によりますと、筑波山に参詣しようとした親鸞が橘川にかかる橋まで来ると、白髪の年配の女性が立っていたといいます。

和歌で問答

その女性は、親鸞に次のような和歌で問いかけました。

筑波山　のぼりてみれば　ひげ僧の
　頭の髪は　そりもやらいで
〔筑波山に登ってみると、髭面で髪の毛も剃っていない僧がいます。これはおかしなことですね〕

白髪の女性は非僧非俗で生きる親鸞の姿を皮肉ったのです。これに対して親鸞は、

空《そら》んずる　心のかみは　そりもせで
　かしらのかみを　そるぞかなしき
〔捨ててしまわなければならない心の欲は捨てずにいて、形式的に髪の毛だけを
　剃って捨てても仕方がありませんよ〕
と答えました。すると女性は、さらに、
　そらんずる　頭のかみは　そりもせで
　心のかみを　そるぞおかしき
〔捨てる象徴である髪の毛を捨てないで、心の欲が捨てられるはずはないではあ
　りませんか〕
と切り返しました。
　親鸞はハッハッと笑って、「わけのわからない人にかかっちゃかないませんよ」と言ったところ、女性はものにこだわらない親鸞の態度に感心し、心を開いた様子でした。そして、「私も年を取りました。でも若返りたいと思います。何かよい方法を知りませんかね」と尋ねてきました。親鸞はこれに答えて、
　老いの浪　いただきながら　わかさとは
　死出《しで》の山路《やまぢ》を　とはばとへかし

〔あなたはずいぶん年をとった様子ですから、いまさら若さでもありますまい。尋ねるのなら死後に極楽へ往く道のことにしたらどうですか〕

と言いました。女性は、

老いの浪　いただけばこそ　とふぞかし
わかさのかへる　道をしらねば

〔いいえ、髪の毛が白い年になったからこそ、少しでも若返りたいと願っているのです。何か方法はないですか〕

と繰り返し聞きます。そこで親鸞は、

老いの浪　まかせてゆくや　あまをぶね
かへるわかさは　十八の願

〔年をとったら天の小舟に乗ってナンマイダ（南無阿弥陀仏）と念仏を称え、阿弥陀仏にお任せすればよいのです。これが若さを取り戻す方法であり、極楽への道でもあるのです〕

これを聞いた女性はとても感動したといいます。此の年配の女性は、実は筑波権現でした。

ナンマイ橋　またこの舞台となった橋川にかかる橋をナンマイ橋と呼ぶようになったそうです。

つまりこの話は、筑波山の神々を信仰する人々の間に入った親鸞が、念仏の教えを広めることを彼らに承認してもらったということを意味しています。それを親鸞と筑波権現との対話にして、若さを保つためにはどうしたらよいかというユーモアが感じられる話にしてしまっているところに、比較的楽に布教に入れたであろうことを思わせます。そういえば、筑波山一帯の領主である筑波為氏は宇都宮一族で、頼綱の近い親戚でした。

┌宇都宮朝綱─成綱─頼綱
└八田知家─筑波為氏

ナンマイ橋は三十年ほど前には存在していたといいます。周囲は田が多く、その後区画整理が行なわれた時、少し蛇行している部分もあった「つくば道」は真っ直ぐになり、ナンマイ橋も正確な位置がわからなくなりました。橋板として使われていた石の一枚板も捨てられてしまいました。現在ではどこにあるのか不明です。

筑波山とその周辺には、親鸞が餓鬼を済度したという伝承があります。これも親鸞が山岳に関わった話として興味深いので、以下に述べたいと思います。

6　餓鬼済度（筑波山）

筑波権現の夢告

餓鬼というのは、現世での貪りの心による報いとして堕ちる世界の生き物です。物を食べたくても、飲みたくても、それらは火になって食べられず飲むことができず、空腹で苦しむといいます。餓鬼の世界を餓鬼道といいます。餓鬼はやせ細って腹だけガスで膨らんだ姿をしています。餓死直前の様子です。

ある時筑波山に詣でた親鸞の夢に一人の童子が現われて、次のように告げました。童子は年配の女性であったという説もあります。「私は筑波山の男体権現の使いである。明日、男体山下の三つの窟のうち、中窟に入られよ。大切な用事がある」というお告げでした。

筑波山には二つの峰があります。男体山と女体山です。それぞれ、古来から筑波男大神《つくばおのおおかみ》と筑波女大神《つくばめのおおかみ》が祀られてきました。それを男体権現・女体権現と称したりするようになりました。親鸞に、その筑波権現からの夢告が下ったということです。

餓鬼が現われる

どのようなことなのかと不審に思いつつ親鸞が中窟に入ってみると、そこには一つの土の釜と一つの鉄の釜がありました。そこへ窟の奥の小穴から餓鬼がぞろぞろ出てきて、「私たちは人間だった時、欲深くわがままだったため、その報いで餓鬼の世界に堕ちてしまいました。でも私たちは筑波権現の氏子《うじこ》でしたから、そのお慈悲でこの窟に住まわせていただいています。そしてこの釜の水を一日に一滴だけ飲ませていただけます。二滴目を飲むと、それが焰となって臓腑を焼きます。とても苦しいのでお助けください」と親鸞に懇願しました。

親鸞は、「念仏を称えれば助かります」と、丁寧に阿弥陀仏の救いの教えを説明し、みんなで二日二晩念仏を称え続けました。すると餓鬼たちが水をたくさん飲んでも、何の問題もなくなりました。

そこへ人間の屍を手に提げた大鬼が現われて、屍を食べ始めました。食べ終わって水を飲もうとしましたが、釜の中には水がありません。餓鬼たちが飲み干してしまったからです。怒った大鬼は親鸞を睨みつけ、「お前は誰だ、釜に水がないのはどういうわけだ」と呶鳴りつけました。親鸞が、「水は餓鬼に飲ませた」と言うと、大鬼はさらに怒りました。

そこで親鸞が「まあ、怒らないように。水は返すから」と男体権現に向かって祈りますと、釜はたちまち水でいっぱいになりました。驚いた大鬼は、「私は餓鬼の統領として苦しみを受けてきました。食べ物や飲み物が常に乏しく、また私は千日に一度、人間の屍を食うという悪業を重ねてきました。どうかみんなをお助けください」と、血の涙を流しました。

餓鬼の極楽往生

そこで親鸞は、さらに一日、みんなに念仏を称えさせました。すると五色のめでたい雲が現われて窟の中に入ってきました。餓鬼たちはみんなその雲に乗り、西方の雲間に消えていったといいます。極楽浄土に往生したということなのです。

7　北の郡の親鸞伝承の特色

北の郡は北西部から北部、さらには南西部を高い山々に囲まれています。そのためでしょう、この地方には山と関わる伝承が見られます。またさらに南部や西部へ行くともっと多くなる大蛇済度の伝承も現われます。

下野国高田について紹介した明星天子の信仰は、虚空蔵菩薩についての伝承であると同時に、北関東に多く見られる星に対する信仰の一つでもあります。親鸞に関わる話は認められませんが、北関東は北極星への信仰が強い地域であることも知られています。

それでは、北の郡から常陸国府を越えて、鹿島郡についての親鸞の手紙、鹿島郡の歴史と親鸞伝承を見ていきたいと思います。検討の手順は今までと同じです。

第六章　鹿島郡の歴史と親鸞の伝承

一、親鸞の手紙に見る鹿島郡の話題

1　悪いことは止めさせよう（第三十七通）

「あしからんことをばいひとゞめ」　親鸞の書状の第三十七通（年未詳十一月二十四日付）に、次のように出ています。

（前略）鹿嶋・なめかたのひとびとのあしからんことをば、いひとゞめ、その辺の人々の、ことにひがみたることをば制したまはゞこそ、この辺よりいできたるしるしにてはさふらはめ。（後略）

この手紙では、前略部分で、常陸国の北の郡に住んでいる善乗房が「悪はおもふさまにふるまふべし」と主張していることを非難しています。そして続いて、「鹿島郡・行方郡の人たちのよくない発言を止めさせ、そのあたりの人たちの誤った行動を押さえてこそ、私のもとから出た証しになることでしょう」と説いています。

2　往生の金剛心が重要（第二通）

「往生の金剛心——仏の御はからひ」

親鸞の手紙の第二通には、

（前略）明法御房の往生のこと、おどろきまふすべきにはあらねども、かへすがへすうれしくさふらふ。鹿嶋・なめかた・奥郡、かやうの往生ねがはせたまふひとびとの、みなの御よろこびにてさふらふ。（中略）往生の金剛心のおこることは、仏の御はからひよりおこりてさふらへば、金剛心をとりてさふらはんひとは、よも師をそしり、善知識をあなづりなんどすることはさふらはじとこそおぼえさふらへ。このふみをもて、かしま・なめかた・南の荘、いづかたも、これにこゝろざしおはしまさんひとには、おなじ御こゝろに、よみきかせたまふべくさふらふ。

とあります。この手紙はかなりの長文で、最初に明法房（もと山伏弁円）が亡くなった知らせを受けたことを記し、続いて信仰上で心得違いを諭す内容となっています。現代語訳すると、「明法御房が極楽往生されたことは、いまさら驚くことではなく、とてもうれしいことです。これは鹿島郡・行方郡・奥郡の、このような往生を願われる人たち皆の喜びです。（中略）極楽往生への信心は阿弥陀仏のはからいによって起こるものですから、信心をすでに得た人は、まさか師の僧の悪口をいったり、導いてくださるべき人を侮ったりすることはないでしょう。この私の手紙を、鹿島郡・行方郡・南の荘（旧石岡市付近）のどこであっても、極楽往生を願う人たちに、どうか一つ心でお読み聞かせください」という内容となります。

3　念仏の一念多念について（第十八通）

一念多念　また第十八通には、

（前略）京にも、一念多念《いちねんたねん》なんどまふす、あらそふことのおほくさふらふやうにあること、さらさらさふらふべからず。たゞ詮ずるところは、唯信鈔《ゆいしんしょう》、後世物語《ごせものがたり》、自力他力《じりきたりき》、この御文どもをよくよくつねにみて、その御こゝろにたがへずおはしますべし。いづかたのひとびとにも、このこゝろをおほせられさふらふべし。なをおぼつかなきことあらば、今日までいきてさふらへば、わざともこれへたづねたまふべし。また便にもおほせたまふべし。鹿島・行方そのならびのひとびとにも、このこゝろをよくよくお

ほせらるべし。（後略）

とあります。これは一念多念の論争（極楽往生するためには、念仏を一度だけ称えればよいのか、それとも数多く称えなければいけないのかという論争。法然の門下の大問題）が意味のないことであることを説いたものです。

「京都でも一念多念などという争いが多くありますが、決してあってはなりません。ただ『唯信鈔』『後世物語聞書《ききがき》』『自力他力分別《ふんべつの》事《こと》』をいつもよく読んで、その主旨に違わないようになさってください。どこの人に対しても、この旨をお話ししてください。そのうえで不安なことがあれば、私はこの年まで長生きしていますので、そのことだけでも、また何かのついでにでもお尋ねください。鹿島郡・行方郡あるいはその方面の人たちにも、このことをしっかりとお話しください」。このように親鸞は述べています。

なお、『唯信鈔』は聖覚《せいかく》の著で、『後世物語聞書』は隆寛《りゅうかん》あるいは信空《しんくう》の著、『自力他力分別事』は隆寛の著と伝えられています。聖覚、隆寛、信空は、いずれも法然の門下における親鸞の法兄です。

二、鹿島郡の歴史と環境

1　古代の鹿島――美しく香しい水辺の地

①「かぐしま」から「かしま」へ

香島郡の成立　古代においては、鹿島は香島《かしま》と表記されていました。『常陸国風土記』の「香島の郡」の項に次の話が載っています。

古老の曰へらく、難波《なには》の長柄《ながら》の豊前《とよさき》の大朝《おほみや》に天《あめ》の下《した》知らしめしし天皇《すめらみこと》の世、己《つちのと》酉《とり》の年に、大乙上《だいいつじやう》中臣鎌子《なかとみのかまこ》、大乙下中臣部兎子等《うさぎこたち》、総領高向《たかむく》の大夫《まへつぎみ》に請ひて、下総の国の海上《うなかみ》の国造の部内《くぬち》、軽野より南一里、那賀の国造の部内、寒田《さむた》より北五里を割きて、別に神《かむ》の郡《こほり》を置きき。其処《そこ》に有る、天《あめ》の大神の社、坂戸の社、沼尾《ぬまのを》の社、合せて三処《みところ》を、総べて香島の大神といふ。よりて郡に名づく。（中略）天地《あめつち》の草昧以前《わかれざりしとき》、諸祖天神《かみろみかみろぎ》、八百万《やほよろづ》の神を高天《たかま》の原に会集《つど》へ給ひし時に、諸祖神《かみろぎ》の告《の》り給ひしく、「今我《あ》が御孫《みま》の命の光宅《しら》さむ豊葦原の水穂の国」と告り給ひしにより、高天の原より降《あも》り来《こ》し大神、名を香島の天の大神といふ。天にては号《な》を香島の宮といひ、地にては豊香島《とよかしま》の宮と名づく。

前半は香島郡の成立と、その郡名の由来を説いたものです。北は常陸国那賀郡（那珂郡）の内から五里（「里」は距離の単位ではなく国、郡に続く行政単位）を割き、南は下総国海上郡の内から一里を割き、合わせて常陸国の新しい郡である香島郡を特別に作ったというものです。それは「難波の長柄の豊前の大朝に天の下知らしめしし天皇（孝徳天皇。在位は西暦六四五―六五四年）」の時代であったとしています。また『常陸国風土記』の他の部分では、それは大化《たいか》五年（六四九）のことであったと記しています。

新しい郡の形成にあたり中心になって活躍したのは中臣鎌子と同兎子であるとありますが、中臣鎌子は一世紀も前に仏教伝来のときに受容反対で動いた重要人物です。時代が合いません。それに『風土記』のこの部分の「鎌」の字は後補ですから、実在の鎌子かどうか疑いが持たれます。

香島郡が設けられたのは大化元年（六四五）の大化の改新においてで、全国的な行政区画の変更に伴ってであるという説もあります。

いずれにしても七世紀中葉に、北は現在の涸沼、南は現在の利根川河口を限界とする鹿島郡が設けられました。東は太平洋の鹿島灘《なだ》に面して南北七十キロメートルにわたる海岸低地と砂丘、西は北浦に面した屈曲の多い湖岸低地となっています。

郡域は現在に至るまでほとんど変わりませんでした。しかし昭和三十年（一九五五）、最北端の旧沼前村が東茨城郡茨城町に、同じく最北端の海岸側にあった旧夏海村も大洗町に吸収合併され、郡域は南に移動しています。

「神郡」鹿島郡

さて古代の香島郡は香島の大神を祭るための費用を賄う神郡《しんぐん》としての性格を与えられていました。神郡は日本各地に置かれています。いずれも、その地方の有力な神社（神宮）を経営するための郡でした。

『常陸国風土記』は、香島の大神という神社は天の大神の社、坂戸の社、沼尾の社という三社で成り立っているとも説明しています。そしてこの神社は、天地が始まる以前に神々が高天原に集まったときの指令により降ってきた神を祭ったものです。その神の名は香島の天の大神といい、天では香島の宮と称し、地に降りてきたところでは豊香島の宮と呼ぶとあります。

もってまわったいい方でわかりにくいところもありますが、香島の大神を祭っているのが香島神社（神宮）、その経営のための領地が香島郡ということです。

美しく香しい水辺の地

ところで香島はもともとは「かしま」と発音するのではなく、「かぐしま」と発音したらしいのです。それは『古事記』『日本書紀』において、「天香山」を「あめ（ま）のかぐやま」と発音し、鹿島地方に中世まであった香山城が「かぐやまじょう」と発音していたことなどが根拠となっています。つまり香島の意味は「美しく香しい島」という意味でした。島というのは、水辺の土地という意味です。必ずしも海の中、湖や池の中の小さな陸地という意味ではありません。

「鹿島」の初見　やがて「香」は「か」とのみ発音するようになり、鹿の字があてられるようになりました。鹿島の字の初見は、『続日本紀』養老《ようろう》七年（七二三）十一月十六日に、鹿島郡と見えるところです。『常陸国風土記』は和銅《わどう》六年（七一三）の詔によって作られたものですから、現存の史料からは香島の字も鹿島の字も並存して使用されていたのでしょう、と推定されます。鹿島の意味は、「鹿のいる美しい水辺に近い地域」ということになります。

②鹿島神宮と祭神の武甕槌神

武甕槌神の活躍　鹿島神宮の祭神は武甕槌大神《たけみかづちのおおかみ》です。その史料上の初見は、大同二年（八〇七）成立の『古語拾遺』に、

武甕槌神は是れ甕速日神《みかはやひのかみ》の子、今の常陸国鹿島神是也。

〔武甕槌神は甕速日神の子で、今の常陸国鹿島神宮の祭神はこの神です。〕

とあるものです。

武甕槌神は『古事記』や『日本書紀』によれば、天孫降臨《てんそんこうりん》に先立つ豊葦原中国《とよあしはらのなかつくに》平定に

おいて出雲の大己貴《おおなむち》（大国主）神から国譲りを受け、神武天皇の東征においてもこれを助けたといいます。このように、武甕槌神は記紀神話において国土平定の武神として活躍したとされています。また鹿島神宮は太平洋や霞ヶ浦、北浦等の水辺に存在し、奈良時代には太平洋沿岸を北上しての蝦夷《えぞち》地攻略の守護神的な役割も有したため、武神に加えて水神としても崇敬されるに至ったのです。

藤原氏の氏神　また鹿島神宮はのちに摂関家として権勢を振るった藤原氏の氏神でした。それは『続日本紀《しょくにほんぎ》』宝亀《ほうき》八年（七七七）七月十六日条に、

内大臣従二位藤原朝臣良継病し、其の氏神鹿島社を正三位に叙す。

とあることで明確となります。この結びつきは、藤原氏全盛のもとを築いた藤原鎌足（中臣鎌足）が鹿島郡の出身であることによります。

藤原良継は鹿島神宮の祭神の位を上げることによって、病気を治してもらおうとしました。このとき朝廷では、同時に下総国の香取神宮《かとりじんぐう》にも正四位上を与えています。香取神宮は霞ヶ浦の南の河口にあって、北にある鹿島神宮と対しています。

鹿島神宮の神位は、承和《じょうわ》三年（八三六）五月九日には正二位に上っています。『続日本後紀』同日条に、

下総国香取郡従三位伊波比主命に正二位を、常陸国鹿島郡従二位勲一等建御賀豆智命

を正二位を授け奉る。

とあります。そして平安時代の延長《えんちょう》五年（九二七）に完成した『延喜式』神名帳によりますと、鹿島神宮は神格として最高の名神大社に位置づけられています。

常陸一の宮　やがて平安時代の朝廷の全国統制のなかで、各国の有力な神社を一の宮、二の宮、三の宮などと順序づけることが始まりました。当然のように、鹿島神宮は常陸一の宮とされました。常陸二の宮は静《しず》神社（現在の那珂市。旧瓜連町）、三の宮は吉田神社（水戸市）です。下総国では香取神宮が一の宮とされました。

③中臣氏と大中臣氏

鹿島神宮の祭祀権　藤原（中臣）鎌足の出身氏族である中臣氏《なかとみし》は、六世紀後半から七世紀初頭に朝廷の祭祀《さいし》制度の実権を握っています。そして東国にも勢力を伸ばし、鹿島神宮の祭祀権を掌握したと考えられます。そのために鹿島神宮の神職や鹿島郡の郡司には中臣氏が多いのです。藤原鎌足はその中から都へ戻って活躍した一人ということができます。

一方、奈良時代以降の鹿島地方には、大中臣《おおなかとみ》という氏族が出現します。これは鎌足の子孫で藤原の姓を名のれなかった者たちのなかで、再び鹿島に戻って活動するようになった人々の自称です。

④文学作品のなかの鹿島

『万葉集』など

『万葉集』巻七に、旅の歌として次の和歌があります。

霰《あられ》降り　鹿島の崎《さき》を　波高み
過ぎてや行かむ　恋しきものを

〔鹿島の岬《みさき》は波が高いので、あの船は通り過ぎてしまうのでしょうか。恋しくおもわれるのに〕

この和歌は船の上で詠んだというより、行く船を眺めて港の方で詠んだもののようです。「霰降り」というのは鹿島にかかる枕詞です。

平安時代の歌合のなかにも、鹿島の地名を見いだすことができます。『拾遺集』に、

鹿島なる　つくまの神の　つくづくと
我身ひとつに　恋をつみつる

〔私は自分の恋を日数をかけて育てています〕

とあります。「鹿島……神の」は「つくづく」にかかる枕詞です。

源頼政と西行

平安時代末期の源頼政も、実際には鹿島へ来たことはありませんが、次の和歌があります（『頼政集』）。

夜舟こぎ　沖にて聞けば　常陸の海

鹿島が崎に　千鳥《ちどり》なくなり

〔常陸の海で、夜に舟を漕ぎ出して耳を澄ませると、鹿島の岬で鳴く千鳥の声が聞こえます〕

なお、頼政は親鸞と生存年代が少し重なります。治承《じしょう》四年（一一八〇）、頼政は以仁王《もちひとおう》を奉じて平清盛を倒そうと挙兵しました。しかし失敗し戦死しました。このとき親鸞の父日野有範も挙兵に協力し、その結果、家を滅ぼすこととなったという説があります。

清盛と同年齢の西行にも、鹿島に関する歌があります（『夫木抄』）。

あさ日さす　鹿島の杉に　木綿かけて

曇らず照らせ　世を海の宮

〔今、鹿島神宮の森の杉に朝日が差しかけています。鹿島神宮よ、今日一日夕方まで曇らずに人々の生活を守ってあげてください〕

2　中世の鹿島——聖界俗界に強力な鹿島神宮

常陸大掾氏の支配　常陸国では桓武平氏である平国香の系統がしだいに勢力を伸ばし、国司の第三等官である常陸大掾の職を世襲して「大掾氏」あるいは「常陸大掾氏」を名のり、国中に勢力を振るいました。平国香は、十世紀前半の承平・天慶の乱で知られた平将門の伯父です。

承平《しょうへい》年間（九三一—九三八）に成立した『和名類聚抄《わみょうるいじゅうしょう》』によると、鹿島郡は十八の郷で形成されていました。それは白鳥・下鳥・鹿島・高家・三宅・宮前・宮田・中村・松浦・中島・軽野・徳宿・幡麻・大屋・諸尾・新居・伊島・上島です。

鹿島氏の成立　これらの鹿島郡へも常陸大掾氏が勢力を伸ばし、鹿島神宮付近に土着した一族が鹿島氏を称しました。そして郡内の各地に庶子を送って一大勢力となりました。

鹿島神宮の強い支配　鎌倉時代に入るころ、古代に設定された常陸国の諸郡は、そのほとんどが東西中南北の郡や条に分割されていました。例えば、奥郡を構成する那珂郡は那珂東郡と那珂西郡、久慈郡は久慈東郡と久慈西郡というように。そして鹿島郡は南条と北条に分かれていました。さらに北条は徳宿郷《とくしゅくのごう》、富田郷、白鳥郷の三つの郷からなっており、南条は上宿と下宿とに分かれていました。これらの全体像は弘安《こうあん》二年（一二七九）に作成された「常陸国作田総勘文案」で見ることができます（ただしこの史料は前欠なので、上宿は一部しかわかりません）。

常陸国では、鎌倉時代の郷は『和名類聚抄』に示されている名称とは異なっているのが普通です。つまり古代末から中世にかけて、現地では支配関係においてさまざまな変化があったということです。

しかし鹿島郡においては、北条を構成する三つの郷の名称がすべて『和名類聚抄』に出る郷の名を継承しています。これは鹿島神宮の古代から中世にかけての支配力が強固であったことを物語っています。したがってこの地域に住む鹿島一族をはじめとする豪族たちは、鹿島神宮に密着していかなければ勢力を維持していくことが困難であったといえるでしょう。

鎌倉幕府の介入　鎌倉幕府も鹿島神宮の影響力に注目し、尊崇の姿勢を見せると同時に、その支配に介入しています。

治承《じしょう》四年（一一八〇）伊豆国で挙兵した源頼朝は、翌五年二月二十八日、常陸南部に勢力を張っていた志田義広《しだよしひろ》の鹿島神宮領掠奪を禁止し、同年三月十二日には塩浜《しおはま》（現日立市）・大窪《おおくぼ》（同）・世谷《せや》（現常陸太田市）の三か所の領地を鹿島神宮に寄進しています。

一方、頼朝は同じ日に、常陸大掾氏の本宗に近い鹿島三郎政幹《まさもと》を鹿島神宮の総追捕使《そうついぶし》に任命し、鹿島神宮の守備を命じました。これは大宮司以下の神宮支配組織に武家勢力を介入させたものでもありました。

塩焼と『文正草子』　鹿島郡は製塩事業である塩焼《しおやき》が盛んな地域でした。当初は東側の海岸ではなく、西側の北浦《きたうら》の湖岸で盛んでした。それはすでに奈良時代から確認できます。それがしだいに海岸である鹿島灘方面にも広がり、平安時代末期には重要な産業となっていました。

下って室町時代には「塩焼の文正《ぶんしょう》」という人の出世物語が作られました。その物語は『文正草子《ぞうし》』といい、桃山時代には『文正草子絵巻』という絵巻物も作られています。文正草子の内容は、おおよそ次のとおりです。

鹿島神宮の大宮司に仕える文太《ぶんた》という身分の低い者が、大宮司の機嫌を損ねて追放され、塩屋《しおや》に雇われて働いていました。のちには自分で塩を焼き成功して大長者となって文正と名のりました。

文正は子宝に恵まれなかったので、鹿島大明神に祈ったところ、姉妹二人の娘を授かり、姉妹は類い稀な美女に成長しました。大名や国司、大宮司の息子などが求婚しましたがまったく受けつけません。

噂を聞いた都の関白の息子二位の中将が小間物売りに身をやつして常陸に下り、文正の家に宿を借りました。その夜中将は姉娘のところに忍び入り、身分を明かして夫婦の契りを結びました。中将は姉娘を伴って京都に帰り、妹娘も帝に召し出されて寵愛を受けました。文正夫妻も京都に上り栄華を極めたというものです。

江戸時代に入ると、『文正草子』は御伽草子《おとぎぞうし》に収められて広く読まれ、この話は全国に知れ渡りました。

塩街道　鹿島郡の塩その他の海産物は、常陸国を東から西の方へ下野国などの内陸部に商品として運ばれました。『歎異抄』の著者として知られている唯円開基の報仏寺《ほうぶつじ》（水戸市河和田町）のすぐ傍に、この海産物を運んだ道があり、今に「塩街道《しおかいどう》」として残っていて、昔の面影を伝えています。

西国からの文物　鹿島神宮は、奈良・京都などの近畿地方や九州からの文化をすばやく受容できる地理的位置にありました。それは日本の南岸を北に向かって流れる黒潮（暖流）のおかげです。黒潮の早いスピードに乗れば、紀伊半島の南端から熊野灘、遠州灘、相模灘と北上して短期間で房総半島に至ります。特に早ければ三十時間あまりで到達するそうです。

房総半島を回り、現在の千葉県と茨城県の県境にある犬吠埼を過ぎて鹿島灘へ入ると、黒潮はやがて東に向かって太平洋の真ん中に行ってしまいます。そこで船は櫓を漕いだり、風に頼ったりして霞ヶ浦に入るのです。その穏やかな河口に鎮座しているのが鹿島神宮です。したがって西国の文化は、常陸国でまず最初に鹿島神宮に入ったのです。中国渡来の新しい経典が鹿島神宮に存在したのではないかと考えることは、理由のないことではないのです。

『教行信証』執筆の参考文献

ただし同時に、一切経や新しい経典は鹿島神宮だけが持っていたのではない、と考えるべきです。鹿島灘を北上して涸沼へ入れば、そこは摂関家九条家所有の大荘園であり、西に向かう涸沼川から稲田川によって笠間の稲田へ行くのは容易です。稲田には古代以来の大神社である稲田神社がありました。また霞ヶ浦から桜川で北上すれば、筑波山の大寺院である中禅寺に至るのも容易です。稲田からは板敷山を越えていけば、筑波山に行くのはそれほど遠くはありません。遠回しのいい方をしましたが、これは親鸞が『教行信証』執筆のための参考文献をどこで求めたか、という問題を考えることにつながるのです。

では次に、このような鹿島郡を舞台にしてどのような親鸞伝承が生まれたのかを見ていきたいと思います。

三、鹿島郡を舞台にした親鸞の伝承

1　親鸞の鹿島神宮参詣

親鸞の鹿島神宮参詣

茨城県鉾田市に二か寺の無量寿寺があります。一つは鉾田市《ほこたし》鳥栖《とりのす》に、もう一つは同じく下富田にあります。両方の寺共に親鸞門弟二十四輩第三の順《じゅん》信《しん》が開いた寺です（拙著『拾遺古徳伝絵』鉾田市、一九九二年）。

順信は、鹿島神宮の神官出身であると伝えられています。鹿島神宮は、武甕槌神を祭神として、古代から中世の関東一帯に圧倒的な勢威を誇ってきました。また大化の改新で活躍した藤原鎌足がこの鹿島の出身ということによって、朝廷の崇敬もあつい神官でした。そういえば、二十四輩第一の性信も、鹿島神宮の神官の出身と言われています。

さて親鸞は、稲田草庵に住んでいた五十四歳のとき、鹿島神宮に参詣したといいます。江戸時代の真宗の学僧の先啓《せんけい》が明和《めいわ》八年（一七七一）に著わした『大谷遺跡録《おおたにいせきろく》』の「鹿島神宮」の項に、

嘉禄《かろく》二年十月中旬、高祖（親鸞）于時五十四歳鹿島の神社に参り給ふ神感納受《しんかんのうじゅ》さまざまなり。

とあります。同じく学僧の了貞が享和《きょうわ》三年（一八〇三）に著わした『二十四輩順拝図会《ずえ》』の「鹿島大神宮」の項にも、

嘉禄二年十月中旬、高祖親鸞聖人法臈五十四歳の御時、当国稲田の御坊より当社へ参詣ましましけるに、

とあります。嘉禄二年（一二二六）は、親鸞の『教行信証』に記されている年号である

「元仁元年《げんにん》」の二年後です。つまり江戸時代には、親鸞は『教行信証』を書き上げたのちに鹿島神宮に参詣したと考えられていたのです。現在まで続く、「親鸞は『教行信証』執筆の参考文献を読むために鹿島神宮へ通った」という見方は、むしろ江戸時代より後の見方ということだったということになります。

2　幽霊済度

親鸞、幽霊を済度

さて無量寿寺は、もと観音菩薩を本尊とする無量寺でした。禅宗であったといいます。付近の領主は村田《むらた》刑部《ぎょうぶ》少輔《しょうゆう》という若い武士で、常に観音を念じていました。ところがその妻は仏教を邪魔者扱いにしていました。その妻が病気で亡くなったので、境内に葬り、塚を築きました。鎌倉時代の武士の墓は土を盛り上げる形式の墓が一般的だったからです。

するると、この塚が夜毎に鳴り響き、炎が燃え上がり、その炎の中から妻の幽霊が姿を現わし、泣き叫ぶようになりました。生まれたばかりの赤ん坊を残して死んだので、その赤ん坊が心配になって泣き叫んだのです。村人たちは恐怖の思いをなし、寺に参詣する者も無くなりました。住職も逃げ出して、寺は荒れ果ててしまいました。困り切った村人は、鹿島神宮に参詣する途中の親鸞に助けを求めました。

承知した親鸞は、村人に小石をたくさん集めさせました。そしてその小石一個ずつに「浄土三部経」の文字合計二万六千六百字余りを一字ずつ書き写しました。それらの石を幽霊となった女性の塚に埋めますと、「不思議や」その夜のすべての村人の夢に、彼女が美しい姿で現われ、「親鸞聖人のおかげで救われました。極楽へ往生できます」と、西に向かって飛び去ったといいます。夜毎に塚から現われる恐ろしい幽霊の異変もやみました。

親鸞の和歌

このとき、親鸞は次のように和歌で思うところを述べたといいます。

弥陀たのむ　こころをおこせ　皆人の
　かわるすがたを　見るにつけても

〔阿弥陀仏におすがりする心を起こしましょう。おすがりすればどんな人でも救われます。その救われた姿を見るたびに、皆さんおすがりしてほしいとつくづく思います〕

感激した村人は親鸞にこの寺の住職になってもらいました。親鸞はそこに三年間住み、阿弥陀仏の像を自ら彫刻して本尊とし、阿弥陀仏の別名である無量寿仏の名にちなんで、「寿」の一字を寺号に加えて「無量寺」を「無量寿寺」と改めました。

以上のように『無量寿寺略縁起（鳥栖無量寿寺蔵）』は伝えています。そして三年後、親鸞は無量寿寺を順信に託して去ったといいます。

鳥栖の無量寿寺には古い幽霊の図があります。いかにも恐ろしげな女性の幽霊です。その女性の姿は、腰のあたりから細くなり、ついにはとがってなくなってしまいます。足がないのです。幽霊に足がないのは、日本では江戸時代の中期から始まります。つまり、足がない幽霊の図は、江戸時代中期以降に描かれたということになります。

また江戸時代中期には、全国的に幽霊の恐怖が説かれるようになりました。宗教界では、人々の不安を和らげるためにそれに対応しなければなりませんでした。浄土真宗でも親鸞に登場していただき、親鸞は幽霊に負けないから安心するようにという話を作ったのでしょう。合わせて、幽霊も救ってあげるという話を作りました。無量寿寺の幽霊済度の伝承は、このような社会の動きの中で成立したものと推定されます。

親鸞の幽霊済度は、多少の形を変えながら、日本の各地に伝えられています。

3　お経塚（府中、半原、鹿島、笠間）

一字一石経　右の幽霊の伝承にもありましたように、鹿島郡にも一字一石経の話が伝えられていました。一字一石経とは、小石一つ一つに経典の文字一字ずつを書いて、願いを込めて土の中に埋めると、その願いがかなうという信仰です。実際の親鸞が、このような一字一石経を行なったとは考えられません。後の時代になって民間に広まっていた信仰の方法を親鸞に託して、話が作られたものと推測されます。以下、各地の一字一石経について見ていきたいと思います。小石を埋めた塚は、お経塚と呼ばれることもありました。

「親鸞聖人御経塚」　まず、石岡市貝地に「親鸞聖人御経塚」と呼ばれている石碑があります。昔の常陸国府から霞ヶ浦の港へ行く道の脇にあります。この道は現在、石岡高浜道と呼ばれています。

「御経塚」は、石壇の上に建つ大きな細長い石の塔三基でできています。中央の塔には「親鸞聖人御舊跡」、向かって右には「聖徳太子尊」、左には「聖跡御経塚」と彫り込まれています。

府中石塚　この御経塚については、江戸時代以前の歴史や地史をまとめた『新編常陸国誌』に「府中石塚」として記事が載っています。そこには

本願寺上人の小石に経文を彫て埋めし所なりと云

と記されています。この貝地付近も広く府中と呼ばれていました。「本願寺上人」とは親鸞のことです。

右の『新編常陸国誌』に、文化《ぶんか》十一年（一八一四）の春、二十四輩巡礼の者が来て小石

を掘り出して持って行ったと書かれています。後に近隣の農夫も多くの石を取り出したと書かれています。中には漢字ではなく梵字が書かれている石もあったそうです。この騒ぎが領主の耳に入り、勝手に掘り出すことが禁止され、石は元の塚に埋め戻されたとあります。

ここでも親鸞が何かの祈願のために一字一石経を埋めたとされているのです。ただ、ここ貝地の一字一石経がどのような目的で埋められたのか、直接の言い伝えは残っていません。御経塚の正面中央には『無量寿経』の中の「諸仏　各各安立　無量衆生　於仏正道（それぞれの仏たちは無数の人々が阿弥陀仏の正しい道にいるのを守ってくれる）」という文章を書き、巻物のように彫刻した石が立っています。ただ、残念なことに平成二十三年（二〇一一）の東日本大震災によって三基の塔のうち「聖徳太子尊」はかなり崩れてしまいました。

半原の御経塚

親鸞が稲田から鹿島神宮に行く道の途中とされている現在の茨城県鉾田市半原《はんばら》にも、親鸞の御経塚の話が伝えられています。半原一帯は、木々がうっそうと茂る小高い丘陵と、その間の低湿地に水田が広がる純然たる農村地帯です。現在でこそ人口は少ないですが、親鸞のころは、丘陵の斜面に多くの人家が建っていたと推定されます。

親鸞は順信をお供にしてここを通りかかったとき、とがった竹か木の先で足を踏み抜いてしまい、とても困ったことがありました。しかし、経典を読誦して一心に念仏を称えると痛みはようやく止まったといいます。順信は「都に居られたら何不自由無い身なのに、人々を救うためにこのような難儀をされるのですね」と悲嘆に暮れました。親鸞は、「このようなことでも、この末世には阿弥陀仏の救いへ縁を結ぶこととなりましょう」と言って一首の和歌を口ずさんだそうです。その和歌は、

小笹原《おざさはら》　迷う道芝《みちしば》　くれなゐに
　染めし血潮も　形見ともなれ

〔このように笹の原で行く道に迷いながら、笹を染めてしまった赤い血も後の世の迷う人たちの導きになって欲しいものです〕

という内容でした。親鸞が足を踏み抜いたところでは、しばらくの間竹木の根は後戻りしたといいます。親鸞に迷惑をかけたので、竹木が反省したそうです。この付近には親鸞が一字一石経を埋めたという御経塚が近年まで存在していました。しかし土地の区画整理が進み、塚も削られてしまい、もう見ることができません。位置もわからなくなってしまいました。

鹿島神宮のお経石

鹿嶋市宮中《きゅうちゅう》の鹿島神宮にも親鸞の一字一石経の話が伝えられています。鹿島神宮の参道には、巨大な石の鳥居がありました。しかしこれも東日本大震災で倒壊してしまいました。この鳥居の奥にある朱色鮮やかな楼門《ろうもん》（随神門）をくぐると右

に拝殿、さらにはその奥に本殿があります。その参道をそのまま森の奥の方へ行くと、左側に三十数頭の鹿がいる鹿園があります。この鹿園の辺りは、鹿島神宮の神宮寺《じんぐうじ》があったところです。親鸞はこの神宮寺の経典類を読んだと伝えられています。神宮寺だけでなく、昔は神社にはどこでも仏教経典が貯蔵されていました。大きな神社には大勢の僧侶もいました。

神宮寺というのは神社を守るという役割で設立された寺院で、全国の大きな神社に存在していました。鹿島神宮の神宮寺は、奈良時代の天平勝宝年間（七四九―七五七）に創建されたと伝えられています。当初は、神宮の外にあったようですが、鎌倉時代の建久五年（一一九四）に神宮の境内（現在の鹿園辺り）に移されて、大勢力を振るうようになりました。その後幾多の変遷を経て江戸時代の文久三年（一八六三）に火災に遭い、そのまま廃寺となってしまいました。

また鹿島神宮にはいくつもの寺院がありましたが、現在では護国院と根本寺《こんぽんじ》のみが残っているだけです。

現在、鹿園の脇にある売店の傍に「親鸞上人遺跡」として親鸞と神宮寺の由緒を書いた説明板が建っています。江戸時代、この付近で経典の文字を書いたいくつもの小石が出土したそうです。一字一石経です。この石は「親鸞上人のお経石」と言われたそうです。親鸞がどのような目的で作ったのかというような話はここでも伝えられていません。

笠間のお経塚

親鸞の稲田草庵があった笠間郡稲田郷の西に、福原郷がありました。福原郷の南部の丘の中にお経塚といわれる遺跡があります。現在の笠間市福原の地です。このあたりは、親鸞が国府や鹿島神宮へ行くために往復した道であると伝えられています。

周囲を小高い丘や険しい山に囲まれた広い田圃から、山道を二十メートルほど登った左手の木立の中に、大きな円形の塚があります。この山道の幅は一メートル程度ですが、敷石として縦に大理石が埋め込んである、しっかりした道路です。この道をずっと登っていくと「はな山」と称される山があり、そこには大理石の石切り場があったのです。そこで切り出した石を引きずって山の下に降ろすため、このように石を敷き詰めたそうです。切り出しが廃止されてからずいぶん年数が経っているため、敷石はかなり泥をかぶっています。しかしよく見ると、このような山の小道には似合わない立派な道路だったことがわかります。

昔、この地方に疫病がはやったそうです。困った村人たちは時々ここを通る親鸞に助けを求めました。前述のように、親鸞は国府や鹿島神宮へ行くときにここを通ったからです。村人の願いを聞いた親鸞はこの塚の前で念仏の教えを説き、疫病が鎮まるように、また災いが起きないようにと近くの泉から湧き出た水で墨を擦って擦経文《すりきょうもん》を書き、この塚に埋めたそうです。

村人たちは喜び、その塚の上に目印のために松の木を植えました。そこでこの松は「お経の松」と呼ばれました。また村人は経文の埋められたこの塚に来ては親鸞に教えられた念仏を称えたので、この塚は「お経塚」と呼ばれるようになったといいます。一字一石経を埋めた話とは少し異なりますが、人々を助けるために呪術的な目的で経典を読み、埋めた、という趣旨では共通しています。

以上のように見て来ると、親鸞と一字一石経の伝承がずいぶん多くの所に広がっていたことがわかります。人々は小石一つ一つに願いを込めたのでしょう。現代において各地で行なわれる写経も、一字一石経と同じ心理が働いているように見えます。

4　鹿島郡の親鸞伝承の特色

鹿島郡の親鸞伝承の特色は、やはり親鸞と鹿島神宮との関係を語る内容が多いということです。以前には鹿島神宮の中に、ここが親鸞が通った道という伝承もあったそうです。近年では、親鸞は鹿島神宮参詣のときに霞ヶ浦北岸から船に乗っていったのではないか、という考えもかなり広まっていました。しかしその事実を示す史料も、また伝承もまったくありません。あるのは国府付近から霞ヶ浦北岸へ出て、徒歩で鹿島神宮に向かったという伝承ばかりです。その伝承は、次に述べる行方郡の北部をかすめて鹿島郡へ入ったことを伝えています。現代とは異なり、そんなにうまい具合に定期便みたいな船便はなかったということでしょう。

また一字一石経の伝説が多いのもこの地域の特色の一つです。洪水等の水の被害については語られていません。

では次の鹿島郡の西にある行方郡について見ていきたいと思います。

第七章　行方郡の歴史と親鸞の伝承

一、親鸞の手紙に見る行方郡の話題

親鸞の手紙の第三十七通と第二通、第十八通に「なめかた」という常陸国の地名が出てきます。いずれも「鹿島・なめかた」（第三十七通）、「鹿島・なめかた」「かしま・なめかた」（第二通）、「鹿島・行方」（第十八通）と、必ず鹿島と一緒に記されています。本項での親鸞の手紙の紹介は前項「鹿島」の場合と同じになってしまいます。

そこで前項よりは長めに引用して、親鸞がどのようなことを門弟たちに伝えたかったのか、強調したかったのかということをいっそう明らかにしたいと思います。

1　本願ぼこり（第三十七通）

本願ぼこりを抑えたい

まず第三十七通の冒頭から見ていきます。これは年未詳十一月二十四日付です。

なによりも、聖教のをしへをもしらず、また浄土宗のまことのそこをもしらずして、不可思議の放逸無慚のものどものなかに、悪はおもふさまにふるまふべし、とおほせられさぶらふなるこそ、かへすがへすあるべくもさふらはず。北の郡にありし善乗《ぜんじょう》房《ぼう》といひしものに、つゐにあひむつるゝことなくてやみにしをばみざりけるにや。（中略）鹿嶋・なめかたのひとびとのあしからんことをば、いひとゞめ、その辺の人々の、ことにひがみたることをば制したまはゞこそ、この辺よりいできたるしるしにてはさふらはめ。（下略）

〔どのようなことよりも、浄土教の経典やその注釈書が説く教えも知らず、また浄土教のほんとうの主旨をも知らないで、正気の沙汰ではない放縦で罪悪を恥じることのない者たちのなかに、悪いことは思いっきり行なうことがよいと主張する者がいるのは、まったくあってはならないことです。かつて私が常陸国にいたとき、北の郡にいた善乗房という者に最後まで親しくしなかったのを見なかったのですか。

この第三十七通からは、いわゆる本願ぼこりを押さえたいと苦心する親鸞の姿が浮かび上がってきます。

本願ぼこりとは、本願はほんとうにすばらしいと誇りにして、だからどんな悪いことをしても大丈夫、必ず救ってもらえる、どんどん悪いことをしようという考え方です。

2　手紙の読み聞かせ（第二通）

手紙を読み聞かせよ　第二通は建長《けんちょう》四年八月十九日付で、まず門弟から送金してもらったお礼から始まり、次に明法房（もと山伏弁円）の往生のことを述べ、さらに信仰上での心得違いを諭す内容となっています。

方々よりの御こゝろざしのものども、かずのまゝにたしかにたまはりさふらふ。明教房ののぼられてさふらふこと、ありがたきことにさふらふ。かたがたの御こゝろざし、まふしつくしがたくさふらふ。明法御房の往生のこと、おどろきまふすべきにはあらねども、かへすがへすうれしくさふらふ。鹿嶋・なめかた・奥郡、かやうの往生ねがはせたまふひとびとの、みなの御よろこびにてさふらふ。

〔皆さんからのお志のお金は、目録の額のとおりに確かに受領しました。明教房が上京されたのはありがたいことです。明教房が持参された皆さんのお志にはとても感謝しています。〕

親鸞はこのように述べて鹿島郡・行方郡・奥郡の人たちとともに喜び、また注意を与えています。

3　論争は無駄（第十八通）

我意による論争はよくない

次に親鸞の手紙の第十八通は、まず、我意《がい》を張って人と論争することはよくないと説いた上で、一念多念の論争について批判しています。一念多念の論争というのは、極楽に往生するためには念仏をただ一回だけ称えればよいのか、それとも何回も何回も数多く称えなければいけないのか、という論争です。これは法然門下でも大問題でした。

なにごとよりは、如来の御本願のひろまらせたまひてさふらふこと、かへすがへす、めでたくうれしくさふらふ。そのことに、をのをの、ところどころに、われはといふことをおもふて、あらそふこと、ゆめゆめあるべからずさふらふ。京にも、一念多念なんどまふす、あらそふことのおほくさふらふやうにあること、さらさらさふらふべからず。たゞ詮ずるところは、唯信鈔、後世物語、自力他力、この御文どもをよくよくつねにみて、その御こゝろにたがへずおはしますべし。いづかたのひとびとにも、このこゝろをおほせられさふらふべし。なをおぼつかなきことあらば、今日までいきてさふらへば、わざともこれへたづねたまふべし。また便にもおほせたまふべし。鹿島・行方そのならびのひとびとにも、このこゝろをよくよくおほせらるべし。(下略)

〔他のどんなことよりも、阿弥陀如来の御本願が広まっていることは心からめでたく、うれしく思います。この広まっていることについて、各自が住んでおられるその所その所において、自分こそよく知っていると思い我を張って他人と論争することは絶対におこしてはなりません。京都でも一念多念などの争いが多くありますが、決してあってはなりません。ただ『唯信鈔』『後世物語聞書』『自力他力分別事』をいつもよく読んで、その主旨に違わないようになさってください。どこの人に対してもこの主旨をお話ししてください。そのうえで不安なことがあれば、私はこの歳まで長生きをしていますので、そのことだけでも、また何かのついでにでもお尋ねください。鹿島郡・行方郡あるいはその方面の人たちにも、この主旨をしっかりとお話しください」

と、親鸞は述べています。

文中、『唯信鈔』は聖覚の著、『後世物語』は『後世物語聞書』の略称で、隆寛または信空の著、『自力他力』は『自力他力分別事』の略称で、隆寛の著とされています。前述したように聖覚、隆寛、信空はいずれも法然門下における親鸞の法兄です。

真実の聖教とそうでない聖教

ところで、唯円著とされている『歎異抄』の第十八章に興味深い記事があります。それは次の文章です。

故聖人の御こゝろにあひかなひて御もちゐさふらふ御聖教どもを、よくよく御らんさふらふべし。おほよそ聖教には、真実権仮《ごんけ》ともにあひまじはりさふらふなり。権をすてゝ実をとり、仮をさしおきて真をもちゐるこそ、聖人の御本意にてさふらへ。かまへてかまへて聖教をみみだらせたまふまじくさふらふ。

文中、「御聖教ども」というのは『唯信鈔』『後世物語聞書』『自力他力分別事』等を指しています（岩波日本古典文学大系『親鸞集　日蓮集』二一三頁、注一三）。この文章を現代語訳すると次のようになります。

「故親鸞聖人のみ心にかなって用いられたいくつもの聖教をよくよく吟味しながらお読みください。だいたい聖教というものは、真実と方便として使っている真実ではない内容と二種類あるのです。方便を捨て真実だけを用いることこそ、聖人の本意です。必ず必ず聖教を読み誤らないようにしてください」。このように唯円は述べています。

つまり唯円は、これら『唯信鈔』『後世物語聞書』『自力他力分別事』に示されている内容は、親鸞の教えとは必ずしも一致しない部分があると思っているのです（拙著『わが心の歎異抄』東本願寺出版部、二〇〇八年）。

二、行方郡の歴史と環境

1　古代の行方――風光明媚な地

①日本武尊伝説

行方郡の成立と日本武尊の伝説　行方郡は鹿島郡と背中合わせで、南北に細長く展開する地域です（『玉造町史』玉造町役場、一九八五年）。『常陸国風土記』の「行方の郡」の項に次の話があります。

古老の曰へらく、難波の長柄の豊前の大宮に天の下知らしめしし天皇の世、癸丑《みずのとうし》の年に、茨城《うまらき》の国造小乙下壬生連麻呂、那珂の国造大建《だいけん》壬生直《あたひ》夫子《せこ》等《たち》、総領高向の大《まへつ》夫《ぎみ》、中臣幡織田《はたおりた》の大夫等に請ひて、茨城の地八里、那珂の地七里、合せて七百余《ななももあまり》の戸《いへ》を割きて、別に郡家《こほり》を置きき。所以《ゆゑ》に行方の郡と称ふといへり。

〔「難波の長柄の豊前の大宮に天の下知らしめしし天皇」すなわち孝徳天皇（在位は西暦六四五—六五四年）の治世の時代に、茨城郡の内から八つの里（「里」は距離の単位ではなく、国、郡に続く行政単位です。ほぼ一里は五十戸の家で構成）、那珂郡の内から七つの里を割き、戸数は合わせて七百余りで新たな郡を作りました。これを行方郡といいます。〕

これは行方郡の成立を説明したものです。

「行方」の由来　続いて『常陸国風土記』では「行方」ということばの由来を説明しています。

倭武の天皇、天の下を巡狩《めぐ》りて、海北を征平《ことむ》け給ふ。是《ここ》に当りて、此の国を経過《す》ぎ、（中略）四《よも》に望《ほぜ》り、侍従《おもとびと》を顧みて宣り給ひしく、「輿を停めて徘徊《もとほ》り、目を挙げて騁望《なが》むるに、山の阿《くま》、海の曲《わた》、参差委蛇たり。峰の頭《ほとり》に浮べる雲、谷の腹に擁ける霧、物の色可怜《おもしろ》く郷体甚愛《くにかたいとめづら》し。宜《うべ》、此の地の名を行細《なめかた》の国と称ふべし」と宣り給ひき。後の世、跡を追ひて、猶行方と号《なづ》く。風俗に、立つ雨零る行方の国といふ。

〔倭武の天皇（日本武尊）は各地を巡り、北方の地方も平定されました。この活動のとき、常陸国にも来られました。（中略）天皇が四方をご覧になってお付きの人たちに仰せられたことには、「輿を降りてあちこちを歩き、遠くを見てみると、山影や海の入江は細やかに蛇行している。山々の峰の上に浮かぶ雲、谷の中腹に漂う霧、地域の色も趣き深く、景色はすばらしい。そこでこの地域を【なめかたのくに】、すなわち【行細の国】と呼びなさい」と仰せられた。後の時代に、その呼び名に由来して「行方」と名づけました。その地方の流行歌に「雨が細かく煙る行方の国」というものがあります。」

穏やかな風土

行方の地は、北東の鉾田市、北西の小美玉《おみたま》市から南方に向いて霞ヶ浦と北浦の間に突出した半島状をなしています。南は常陸利根川・外浪逆浦《そとなさかうら》を隔てて千葉県香取市に相対しています。その半島の幅は長くても八キロメートルから十キロメートル程度で、中央部の標高は三十メートル前後の台地をなしています。そしてその台地の間を縫うように梶無《かじなし》川《がわ》や城下川、あるいは武田川や山田川その他多くの小河川が流れています。『常陸国風土記』には行方郡の産物について記してあります。山あり、平野あり、川あり湖ありですから、産物が豊富で当然です。緑多く、穏やかな風土のなかに多くの人々が住んでいたものと思われます。

古墳群の成立

行方郡の住みやすい環境を示すかのように、郡内には古墳が多く、百二十余か所も発見されています。特に郡北部の三昧塚古墳《さんまいづかこふん》と、南部の大生《おおう》古墳群に属する孫舞塚《まごまいづか》古墳とが有名です。

三昧塚古墳＝行方市沖洲《おきす》（旧行方郡玉造町）の沖洲古墳群に属しています。この古墳群には前方後円墳六基、円墳四基があります。このうち、三昧塚古墳は六世紀初頭の築造と推定されている前方後円墳です。全長八十五メートル、後円部の直径四十八メートル、前方部先端の幅四十メートル、高さは後円部で八メートル、前方部で六メートルです。

封土《ほうど》上には円筒埴輪《えんとうはにわ》が三段にめぐらされ、鹿、猪、人物、円筒埴輪などが多数出土しています。内部の箱式石棺には人骨一体が埋葬されていました。その頭蓋骨には金銅製の透かし彫り冠があったことや、耳飾り・管玉《くだたま》・腕輪・鏡・太刀・剣・挂甲《けいこう》・馬具など、これまた多くの貴重な副葬品が発見されています。

孫舞塚古墳＝潮来市大生（旧行方郡潮来町）の大生古墳群に属しています。この古墳群は大生神社を中心に西部古墳群・東部古墳群・釜谷古墳群に分かれ、約百基の大小古墳が存在したとみられますが、現存するのはその約半数となっています。このうち、孫舞塚古墳は七世紀ころの築造と推定されている前方後円墳です。全長七十一・五メートル、周溝と外堤を有しています。

封土上には埴輪が二段にめぐらされていて、円筒埴輪の他に馬や人物などの形象埴輪も多く発見されています。内部には全長二メートルの箱式石棺があり、成人一、子ども一の人骨と管玉・ガラス製小玉、金銀銅製の耳飾りや直刀なども発見されています。成人の人骨の身長は百六十九センチメートルと推定されています。

②古代の文学

霞の郷から香澄の里へ

『常陸国風土記』の「行方の郡」の項に、景行天皇のこととして次の記事があります。

郡の南二十里に香澄《かすみ》の里《さと》あり。古き伝に曰へらく、大足日子《おおたらしひこ》の天皇、下総の国の印波《いなみ》の鳥見《とみ》の丘に登りまして、留連《とどま》り遥望《のぞ》み給ひ、東を顧みて侍臣《おもとびと》に勅《の》り給ひしく、「海は青波浩《ひろ》く行き陸《くが》は丹霞《かすみ》空に朦《たなび》き、国、其の中に在りて朕《あ》が目に見ゆ」と宣り給ひき。時の人、是に由りて霞の郷といひき。東の山に社あり。榎、槻、椿、椎、竹、箭《やだけ》、麦門冬《やますげ》、往々《ところどころ》に多《さは》に生ひたり。

〔行方郡の役所から南の方向二十里に、香澄の里というところがあります。古くからの言い伝えによりますと、これは大足日子の天皇（景行天皇）が下総国の印波の丘に登って東の方を見たところ、「青い波が広々と流れ行き、陸には桃色の霞が空にたなびいている国が見える」といわれたので、その時代の人たちが「霞の郷」と称するようになったことに由来します。榎、槻、椿、椎、竹、箭、麦門冬が各地に生えている豊かな所です。」

「霞の郷」が「香澄の里」となったというのです。『和名類聚抄』に「香澄郷」として出ています。

香澄の里は、行方市富田（旧麻生町）、または潮来市清水《きよみず》（旧牛堀町。行方市富田に接し、昔は富田〈村〉の一部であった）に比定されています。

和歌集に見る「霞の里」　平安時代の『夫木抄《ふぼくしょう》』という歌集に、式部《しきぶ》という女性が詠んだ歌として、

春来れば　花の都を　見てもなほ
霞の里に　心をぞやる

〔春が来ると都の美しい桜の花を見ていても、つい霞の里の桜に心が向いてしまいます〕

という歌があります。これは康平《こうへい》三年（一〇六〇）の『祐子《ゆうし》内親王家《ないしんのうけ》歌合《うたあわせ》』のなかの一首です。式部という女性については未詳です。

また為経《ためつね》という人物の、

見渡せば　霞の里に　すまゐして

誰我がものと　花を見るらん

〔春霞のなかで咲く桜の花を見渡していると、誰がそのなかに住み、その桜を自分一人のものとして楽しんでいるのだろうかと思われます〕

という、『為忠家後度百首《ためただけごどひやくしゅ》』に入っている和歌もあります。

為経というのは藤原為経のことで、従五位上、長門守や皇后宮少進に任命され、後に出家して寂超《じゃくちょう》と号し、和漢の学問に通じ、また歌人として知られました。兄の為業《ためなり》（法名寂念）・弟の頼業《よりなり》（法名寂然）とともに大原に住み、「大原の三寂」として有名でした。右の歌集に名が出る為忠も歌人で、従四位下、丹後守、三河守、木工権頭《もくのごんのかみ》等を歴任しました。大原の三寂の父です。

和歌集に見る浪逆の海　行方郡に属する地域に、浪逆《なさか》の海があります。古く『万葉集』にその名があります。これは北浦と霞ヶ浦の流水の合流地の呼称です。現在の潮来市の最南端の水上で、霞ヶ浦から太平洋への水路である常陸利根川と、北浦からの水路である鰐《わに》川《がわ》の合流地にある外浪逆浦《そとなさかうら》が、かつての浪逆の海の面影を伝えています。

『万葉集』巻十四に、

常陸なる　浪逆の海の　玉藻こそ

引けば絶えすれ　あどか絶えせむ

〔常陸国の浪逆の海の玉藻は引っ張れば切れてしまうでしょうが、あなたとの仲はどうして切れましょうか〕

という歌があります。「あどか」は「などか」で、「どうしてそのようになるでしょうか」という意味となります。この歌は東歌《あずまうた》の一つです。

また『堀河百首《ほりかわひゃくしゅ》』に顕仲《あきなか》という人物の作として次の歌があります。

東《あづま》なる　浪逆の浦に　潮みちて
有明けの空に　千鳥しばなく

〔東の国にある浪逆の海に潮が満ちて、明け方の空に千鳥が鳴く声が聞こえて来ます〕

という意味です。

『堀河百首』は堀河天皇のもとの長治《ちょうじ》二、三年（一一〇五、〇六）ころの詠進《えいしん》で、院政期歌壇の金字塔と評価されているものです。

顕仲とは藤原顕仲のことで、従四位下、左兵衛佐に任ぜられ、大治《たいじ》四年（一一二九）に七十一歳で没しました。歌人として知られ、世に「帥兵衛佐《そちのひょうえのすけ》」と称されたと『尊卑文《そんぴぶん》脈《みゃく》』に記されています。

2　中世の行方——豪族たちの展開

①諸豪族の盛衰

常陸大掾氏の活動　平安時代末期、桓武平氏である常陸大掾氏が行方郡の郡司職《ぐんじしき》を保持していました。やがてその支族の吉田清幹《きよもと》の第二子忠幹《ただもと》がその職を得ました。彼は行方に住んで行方氏と称し、その子の景幹《かげもと》は行方太郎を名のって行方郡の経営に励みました。本拠地は行方郡の郡衙《ぐんが》（郡の役所）が置かれていた行方郷でした（行方市行方。旧麻生町）。

景幹はまた、鹿島神宮の警備を担当する鹿島総検校《かしまそうけんぎょう》を務めました。神宮の警備は、職務であるとともに大きな権利でもあります。景幹は豪族として強い立場を得たのです。以後も大掾一族は鹿島神宮と強い関係を保ち、中世を通じて鹿島総検校や鹿島大使《かしまたいし》を務めています。

関東の武士たち　文治《ぶんじ》五年（一一八九）七月、源頼朝は奥州の藤原氏追討の軍を発しました。その軍は中央の頼朝と、東海道大将軍および北陸道大将軍に率いられて出発しました。このうち東海道大将軍である千葉介常胤《ちばのすけつねたね》と八田右衛門尉知家に率いられた常陸国と下総国の武士たちは、「行方」等を通って陸奥国に向かったと『吾妻鏡』同月十七日条にあります。

また元久《げんきゅう》二年（一二〇五）六月、畠山重忠が北条氏の謀略にかかって武蔵国二俣川《ふたまたがわ》（神奈川県横浜市旭区万騎が原）で滅ぼされたとき、一手の大将北条義時に率いられた大軍のなかに、下河辺《しもこうべ》行平《ゆきひら》の名が見えます。また「行方之輩《ともがら》」もこのなかに参加しています（『吾妻鏡』同月二十二日条）。さらには宇都宮頼綱の名も見えます。頼綱はのちに関東で親鸞を保護したと推定される人物です。

しかしこのわずか三か月後の八月七日、宇都宮頼綱は同じく北条氏の謀略にかかり、一族全滅の危機に瀕しました（この年には閏七月があるので、三か月後となります）。『吾妻鏡』同日条に、

宇都宮彌三郎頼綱の謀叛発覚す。

〔宇都宮彌三郎頼綱の将軍への叛乱が明らかになりました。〕

とあります。頼綱は、ちょうど前月から、のちに親鸞が住むことになった常陸国笠間を侵略中でした。この事件はまだ二十代の頼綱が家臣六十余人とともに出家引退することで政治的解決がはかられました。

②文学のなかの行方

再び和歌集に見る浪逆の海

浪逆の海は、鎌倉時代にも和歌に詠まれていました。そ

れは笠間時朝の次の和歌で判明します（『田舎打聞集』）。

常陸なる　浪逆の海を　見わたせば
　限りも見えず　波のをちかた

〔常陸国にある浪逆の海を見渡すと、波は遠くどこまでも続いています〕

という内容です。『田舎打聞集』は笠間時朝の私家集です。建長《けんちょう》三年（一二五一）から正元元年（一二五九）の間の編集と推定されています。

仙覚の調査

しかし鎌倉時代のそのころ、浪逆の海の位置が不明になっていたらしいのです。それについての調査を、僧仙覚《せんがく》が『万葉集註釈』のなかで詳しく述べています。仙覚は常陸国の人で、十三歳のときから『万葉集』の研究に志したといい、後に『万葉集』の校訂本を完成しています。また文永《ぶんえい》六年（一二六九）、六十七歳のときに『万葉集註釈』全十巻を完成しています。

仙覚は、浪逆の海の位置を捜し回ったが誰に尋ねてもわからなかった、「浪逆の海」という名を聞いたこともないという人もいた、それならと自分で調査をしたと『万葉集註釈』のなかで述べています。その結論を、

これを案ずるに、常陸の鹿嶋の崎と、下総のうなかみ（海上郡）とのあはひより、遠く入りたる海あり。末はふた流れなり。風土記には、これを流海とかけり。今の人は

うちの海となん申す。其海ひと流れは、北鹿島郡南行方郡とのなかに入れり。ひと流れは、北行方郡と南下総国の堺をへて、信太郡、茨城郡までにいれり。然るに、かのうちのうみ、今塩のみつ時には、波ことにさか上る。然れば、波の逆のぼる義によりて、なさかのうみと云ふべきなりけり。

〔このことを検討してみると、常陸国の鹿島の崎と下総国海上郡との境に深く入り込んでいる海があります。二つの流れに分かれて入り込んでいます。『常陸国風土記』には、これを「流海」と書いてあります。現代の人は「うちの海」と称しています。二つの流れのうちの一つは、北は鹿島郡、南は行方郡の中に入っています。もう一つは、北は行方郡、南は下総国との境を経て、信太郡から茨城郡まで入り込んでいます。そのような状況の中で、あの「うちのうみ」は潮が満ちるときには波が特に遡っていきます。そこで、そこら辺りを波が遡るという意味で「なさかのうみ」というべきでしょう。〕

と推定しました。現代の外浪逆浦のあたりです。

仙覚は常陸国の人なので、行方郡付近には詳しかったのでしょう。以後、仙覚の推定が定説となりました。

それから数百年以上が経ち、干拓が進みました。それでも内浪逆浦と外浪逆浦が残っていましたが、第二次大戦後、内浪逆浦は干拓され、現在では外浪逆浦しか残っていません。

3　行方と鹿島――一体の門弟たち

鹿行地方の展開　さて行方郡は、常陸国南部の南北三十五キロメートルほどに展開する地域です。東側には太平洋に面した南北七十キロメートルに及ぶ鹿島郡があります。その西側の背後にある北浦と霞ヶ浦（地元では西浦とも呼ばれてきました）とに挟まれた地域が行方郡です。

太平洋に向かえば行方郡は鹿島郡の背中を守る形になり、霞ヶ浦の西北部にある常陸国府からみれば、行方郡は鹿島郡のふところに抱かれている形となります。親鸞が常に鹿島郡と行方郡とを一体のように表現しているのもうなずかれるのです。まして当時、湖や大きな川はその両岸にある地域を隔てる存在ではなく、むしろ結びつける存在でありましたから、行方地方と鹿島地方とは緊密な関係にあってもおかしくはなかったのです。

大河や湖が両岸を隔てる存在であると意識されるようになったのは、江戸時代になってからです。現代の私たちはまだその意識から抜け出せていないようにみえます。

鹿島郡と行方郡とは、茨城県内で鹿行地方《ろっこうちほう》と呼ばれてきました。それぞれいくつかの市町村を擁していました。しかし近年に進められた市町村合併政策により、昔の鹿島郡の地域はすべて「市」となって「鹿島郡」という名称は地図から消えてしまいましたが、「鹿嶋市」として伝統を残しています。

この地域が市に昇格する話が持ち上がったとき、すでに佐賀県に「鹿島市《かしまし》」が存在していました。同名の市にすることはできません。それですったもんだのあげく、「嶋」の字を使うことで茨城県鹿嶋市が成立したのです。

そして行方郡を構成していた地域も、新たに行方市、潮来市として出発して伝統は残しつつも、「行方郡」という名称も現在では消えてしまっています。

三、行方郡を舞台にした親鸞の伝承

1　細字阿弥陀仏

名号で描かれた阿弥陀仏　行方市井上の高野家に伝えられている阿弥陀仏画像は、細字の「南無阿弥陀仏」という名号で描かれています。阿弥陀仏の顔、胸、両手先、両足先以外は名号で輪郭が示されています。

高野家の先祖は嘉禄二年（一二二六）、戦いで功績があったために常陸に領地を与えられて移って来たそうです。そのころ、霞ヶ浦の水中に怪しく光るものが現われ、魚が逃げてしまうようになりました。漁師たちは困り、折よく通りかかった親鸞に助けを求めました。親鸞は鹿島神宮に参詣する途中でした。

「お助けください」という漁民の訴えに、その光る物をみたとたん、親鸞は「あれは仏像でしょう。網を出して引き揚げましょう」と言いました。そしてみんなで網を引いてみると、湖底から一尺八寸の阿弥陀如来坐像があがってきました。漁師たちは不思議に思って、この阿弥陀仏像を親鸞に差し上げたといいます。

阿弥陀仁左衛門　このとき網引きの指揮をとったのが、高野家の先祖の弟である仁左衛門という人物でした。親鸞はその功績をたたえ、細字の名号で描いた阿弥陀仏画像と「阿弥陀仁左衛門」という名を与えたと伝承されています。

湖底に光る物体があって、それは親鸞が見抜いたとおり阿弥陀仏像であったという話は、現在は石岡市柿岡に移っている如来寺（霞ヶ浦の草庵）にも伝えられている話です。他に行方市手賀の豊安寺、あるいは滋賀県野洲市木部《きべ》の錦織寺《きんしょくじ》（真宗木辺派本山）にも伝えられています。このような話は、浄土真宗に限らず、日本各地に見られます。

2　喜八阿弥陀

三幅対の画像　茨城県小美玉市与沢《よざわ》の長島家には、「喜八阿弥陀《きはちあみだ》」と呼ばれる三幅対《さんぷくつい》の画像があります。同家敷地内の阿弥陀堂に「阿弥陀如来画像」を真ん中にして、向かって右に「善導大師画像」が、左に「聖徳太子勝鬘経御講讃図《しょうとくたいししょうまんぎょうごこうさんず》」が掛けられています。

親鸞、幽霊となった喜八の妻を済度　昔、与沢村に喜八という武士が住んでいました。ところがその妻が難産で、一男一女を残して亡くなってしまいました。一女はまだ幼女で、母を慕って夜毎に泣き続けました。やがて妻が幽霊として現われ、「この子を頼みます」と訴えるようになりました。喜八はいろいろと手だてを尽くしましたが、亡霊の出現はまったくやむ気配がなく、喜八や家の者たちは非常に困っていました。たまたま、喜八は稲田に住む親鸞が徳の高いことを聞きました。そこで鹿島神宮参詣のために与沢を通る親鸞を待ち受け、事情を話して助けを求めました。

するとと親鸞は小砂利を一俵ほど集めるようにと指示し、その小石一つ一つに浄土三部経の文字合わせて二万六千六百字あまりを一字ずつ書き込みました。一字一石経です。それを喜八の妻の墓に埋めました。親鸞と一字一石経の話は、今までに何度か述べました。また親鸞は、善導大師の画像と「聖徳太子勝鬘経御講讃図」を自ら描いて喜八に与えました。それ以来、亡霊は現われず、幼女も無事に成長したといいます。

江戸時代に入って、徳川光圀（水戸黄門）がこの「聖徳太子勝鬘経御講讃図」に関心を示しました。この絵に記入されている七人の人物の名の一部が磨滅して読めないというので、次のようにしたと『大谷遺跡録』に記されています。

水戸黄門卿、御筆を以て平仮名にて御銘をかき、切紙《きりがみ》にて押してあり。「名前を書いた紙を張りつけた」、というのです。

3　聖徳太子像とその伝承

四種類の聖徳太子画像　右の長島家に聖徳太子画像があるだけではなく、浄土真宗寺院には聖徳太子画像や彫像があることは広く知られています。各地の聖徳太子像は、その姿によって四種類に分けられています。第一は、上半身裸で腰から下に裳をつけた聖徳太子二歳の姿を示した南無仏太子像。第二は、手に柄香炉《えごうろ》を持ち、父用明天皇《ようめいてんのう》に対する孝行の気持を表わした、太子十六歳の孝養太子像《きょうようたいし》。第三は、政治を執る姿を表わした摂政《せっしょうたい》太子像《しぞう》。第四は、勝鬘経を伯母の推古天皇に講義する講讃太子像《こうさんたいしぞう》です。

浄土真宗寺院で圧倒的に多いのは、孝養太子像です。本書で取り上げた地域でも、南無仏太子像は一例だけです。前述した石岡市柿岡・如来寺の太子像です。摂政太子像と講讃太子像も、それぞれ一例だけです。あとは孝養太子像です。

伝承のある聖徳太子像は少ない

これらの聖徳太子像に、伝承がついているのはほとんどありません。石岡市柿岡・如来寺の南無仏太子像のように親鸞が帰京する時に空を飛んで送りに出たという話は、非常に珍しいと言わねばなりません。もう一つ、茨城県坂東市みむら・妙安寺蔵の聖徳太子像にも興味深い伝承があります。

妙安寺と成然

坂東市みむらの妙安寺を開いた成然《じょうねん》は、もと関白九条兼実の第十男幸《ゆき》実《ざね》であったと妙安寺では伝えています。下総国幸島郡《さしまぐん》に流罪になって下ってきたところ、親鸞が稲田で盛んに念仏を広めていることを知り、訪ねていって門弟となったといいます。同じ成然が開いたと伝える茨城県猿島郡境町一ノ谷の妙安寺では、成然は藤原一門の中村《なかむら》頼国《よりくに》という貴族で、親鸞の従兄弟であったと伝えています。

親鸞が京都へ帰るとき、成然は相模国国府津（神奈川県小田原市）までお供をしました。親鸞は成然に対して、関東に止まって多くの人たちに念仏を広めて救ってあげなさいと命じました。そして霊木で自分の姿を刻み形見として与え、有縁の地を求めて寺を建てるように、寺号は妙安寺とするようにとも命じました。

その後しばらくして成然は聖徳太子の霊告を得たといいます。それは、下総国幸島郡三《み》村《むら》にある太子堂最頂院は成然の有縁《うえん》の精舎であるから、そこに妙安寺を建てなさい、という内容でした。そこで成然は寺を建て、親鸞聖人像と聖徳太子像を安置したそうです。

妙安寺には、『聖徳太子絵伝』四幅が所蔵されています。聖徳太子の一生を描いた掛軸形式の伝記絵です。鎌倉時代後期の十四世紀に制作されたもので、国指定重要文化財です。

火事を消す聖徳太子　さらに妙安寺には、室町時代の制作と推定される聖徳太子立像があります。右手に柄香炉を持っている、孝養太子像です。これは病気の父用明天皇をお見舞いした姿です。香炉で香を焚き、少しでも気分をよくしてもらおうという気持が込められています。

妙安寺の聖徳太子像は、左手に杉の小枝を握っているところに特色があります。江戸時代の正徳《しょうとく》三年（一七一三）、妙安寺は火災になりました。このとき、この聖徳太子像は杉の枝で火を消して回ったといいます。その由緒により、この太子像は「火防《ひよけ》の太子」と呼ばれているのです。

4　行方郡の親鸞伝承の特色

幽霊の伝承は他の地域にも見られました。幽霊として現われるのは、だいたいが幼子を残して亡くなった若い女性です。現代でもそうですけれども、昔は出産は母体に負担がかかる大変なことでした。とても多くの女性が出産の際に亡くなっています。この伝承はその悲劇を物語っています。さらに平安時代のころから、亡くなるときに平静な状態で念仏を称えていなければ極楽往生できないといわれてきました。難産で、あるいは産後苦しみながら亡くなった女性をどのようにしたら極楽往生させることができるか。そこで浄土真宗では親鸞に登場していただくということでこのような伝承が生まれたのでしょう。

親鸞および浄土真宗では聖徳太子は親しい存在です。ただ詳しい伝承がついている聖徳太子像は案外少ないのです。やはり生活の上で頼るべきは親鸞という意識が強かったのでしょう。

おわりに

本書は親鸞の伝記研究の一環として執筆しました。具体的には、親鸞が多くの人々と積極的に交際したに違いない関東でどのような伝承が生まれたのか、ということを執筆の第一の目的にしました。そして常陸国を中心にして、古代からの関東の歴史と環境を明らかにすることを第二の目的にしました。親鸞が主に活躍した常陸国の歴史と環境を世の中に提示したいということでした。これらの第一と第二の目的はほぼ達せられたと考えています。

常陸国の歴史を古代・中世と見ていきますと、その時代に生きた人たちの哀歓が垣間見られる気がします。そしてその中での親鸞の生活と布教活動があったということが確認できます。親鸞の伝記の研究は、確実な史実と、さらには何百年にもわたって生まれ、伝えられてきた伝承と両方が必要です。伝承の検討の中から、いままで表面には出てこなかった史実を探り得るきっかけも見いだせると思います。本書では、史実については親鸞が生きた社会について焦点を当てて検討しました。
今後さらに他の地域についての史実と伝承の研究も行なっていきたいと思います。

あとがき

本書は、「おわりに」にも記しましたように、親鸞の伝記研究の一環として執筆したものです。

私は三十四歳のときに茨城県に住むようになりました。きっかけは茨城大学で助教授の募集があり、それに応募して採用されたというできごとでした。その前に住んでいた神奈川県から一家で引っ越してきて、もう三十七年も経ち、最近東京に転居しました。この間、多くの方々にお世話になりましたし、またその生活の中で茨城県の歴史や地理的環境について学び、調査することも多くありました。

私は数年前から、本書のような親鸞の手紙の中に出る地名を手がかりにした書物を書きたいと考えてきました。ここ三十数年で知り得た茨城県についての歴史環境をもとにした親鸞の伝記研究であり、さらには伝承研究です。

一昨年に法藏館で出版していただいた拙著『現代語訳　恵信尼からの手紙』、昨年の拙著『恵信尼――親鸞とともに歩んだ六十年――』同様、法藏館編集長戸城三千代氏と担当していただいた満田みすず氏には、大変お世話になりました。ありがとうございました。また執筆と校正で、これまた宮本千鶴子氏にお世話になりました。感謝しております。

二〇一三年十一月二十三日

今井雅晴

今井雅晴（いまい　まさはる）

1942年、東京生まれ。
1977年、東京教育大学大学院文学研究科日本史学専攻博士課程修了。茨城大学教授、筑波大学大学院教授、プリンストン大学・コロンビア大学客員教授等を経て、現在、筑波大学名誉教授、真宗文化センター所長。文学博士。主な著書に、『親鸞と東国門徒』『親鸞と浄土真宗』（吉川弘文館）、『親鸞と本願寺一族』（雄山閣出版）、『親鸞とその家族』『親鸞と恵信尼』『親鸞と如信』『歴史を知り、親鸞を知る１～６』（自照社出版）、『わが心の歎異抄』（東本願寺出版部）、『親鸞の家族と門弟』『現代語訳　恵信尼からの手紙』『恵信尼――親鸞とともに歩んだ六十年――』（法藏館）など多数。

親鸞の伝承と史実
――関東に伝わる聖人像――

二〇一四年二月二〇日　初版第一刷発行

著　者　今井雅晴
発行者　西村明高
発行所　株式会社　法藏館
京都市下京区正面通烏丸東入
郵便番号　六〇〇-八一五三
電話　〇七五-三四三-〇〇三〇（編集）
〇七五-三四三-五六五六（営業）

装幀者　高麗隆彦
印刷・製本　亜細亜印刷

ISBN 978-4-8318-6063-7 C1021